Klaus Zwickel (Hrsg.)
Hinter den Glitzerfassaden

Bildnachweis
S. 13: Karl Heinz Hick/Joker; S. 17: Mark Bugnaski/Joker;
S. 28: Peter Albaum/Joker; S. 41: Gudrun E. Petersen/Joker; S. 61: Arn von der Osten-Sacken/Joker; S. 71: David Ausserhofer/Joker; S. 75: Reiner Steußloff/Joker; S. 82: David Ausserhofer/Joker; S. 89: Arn von der Osten-Sacken/Joker; S. 100: Mark Bugnaski/Joker; S. 121: Markus Gloger/Joker; 151 Karl Heinz Hick/Joker; S. 157: Markus Gloger/Joker, S. 163 Karsten Praußе/Joker; S. 183: Arn von der Osten-Sacken/Joker
Umschlagfoto: Brigitte Hiss/Ullstein

Klaus Zwickel (Hrsg.)

Hinter den Glitzerfassaden

Stimmen für Arbeit und Gerechtigkeit

SCHÜREN

Die deutsche Bibliothek – CIP-Einheitsaufnahme

Hinter den Glitzerfassaden : Stimmen für Arbeit und Gerechtigkeit /
Klaus Zwickel (Hrsg.). - Marburg : Schüren, 1998
ISBN 3-89472-165-0

Schüren Verlag • Deutschhausstraße 31
35037 Marburg • www.schueren-verlag.de

Redaktion: Johano Strasser/Hans-Joachim Schabedoth
Druck: Clausen & Bosse, Leck
Printed in Germany
ISBN 3-89472-165-0

Inhalt

Vorwort
Stimmen für Arbeit und Gerechtigkeit

Fast fünf Millionen Arbeitslose, fortschreitender Abbau sozialer Leistungen und wachsende private und öffentliche Armut - wen wundert es da, wenn die Gewerkschaften sagen, daß endlich gehandelt werden muß. Denn schlimm genug ist es ja, daß Arbeit und soziale Gerechtigkeit in der konkreten Regierungspolitik keine praktische Priorität besitzen.

Das muß sich ändern. Wir brauchen den politischen Kurswechsel. Die Gewerkschaften engagieren sich dafür im Rahmen ihrer Initiative „Handeln für Arbeit und soziale Gerechtigkeit". Sie zeigen dabei auf, daß viele zusammen den demokratischen Widerstand gegen eine unsoziale Politik organisieren und einen politischen Kurswechsel bewirken können.

Daß die bedrückende soziale Lage nicht nur die Gewerkschaften umtreibt, beweist dieser Band. Die Sorge um Arbeit und Gerechtigkeit ist längst auch Thema der Literatur. In dieser Anthologie stellen wir Texte vor, die hinter die Glitzerfassade der Wohlstandsgesellschaft schauen. Sie befassen sich mit den Schattenseiten unserer Gesellschaft, mit dem Leid und der Wut, den Träumen und den Hoffnungen all jener, die beim Wettlauf um Profit und Marktmacht auf der Strecke bleiben und allzu leicht vergessen werden.

Das Echo auf unsere Ausschreibung war enorm. Fast 500 deutschsprachige Autorinnen und Autoren schickten uns ihre Texte. Die Jury, bestehend aus den Schriftstellern Gert Heidenreich, Franziska Sperr und Johano Strasser sowie – von seiten der IG Metall – Hans-Joachim Schabedoth und Kurt-Thomas Schmitz, hatten die schwierige Aufgabe, aus dieser Fülle eine interessante und möglichst alle Aspekte des Themas abdeckende Auswahl zu treffen.

Das Ergebnis liegt hiermit vor – eine Einladung zum Lesen an alle, die von der Literatur erwarten, daß sie sich der Not der Zeit annimmt und ihre Torheiten offenlegt. Bei aller Unterschiedlichkeit des literarischen Temperaments und der Schreibweisen ist eines allen hier versammelten Texten gemeinsam: gegenüber dem allgegenwärtigen Geschwätz bestehen sie auf Wahrheit und sprachliche Genauigkeit. Im besten Sinne sind sie damit „Stimmen für Arbeit und Gerechtigkeit".

Es ist zweifelhaft, ob Literatur in direkter und meßbarer Weise die Welt verändern kann. Aber eines ist sicher: Sie kann die Köpfe und die Herzen der Menschen ergreifen, ihren Blick für die Probleme der Zeit schärfen, ihre Phantasie entzünden und ihre Bereitschaft stärken, sich der leidenden Mitmenschen anzunehmen und gegen drohende soziale Ausgrenzungen Partei zu ergreifen.

Nicht zuletzt kann Literatur Freude bereiten, spannende Unterhaltung und unterhaltsame Entspannung. Wenn dieser Band etwas davon bei den Lesern bewirkt, hat er seinen Zweck erfüllt.

Klaus Zwickel
1. Vorsitzender der
Industriegewerkschaft
Metall

Gudrun Hamacher
Geschäftsführendes Vorstandsmitglied
der Industriegewerkschaft
Metall

Frankfurt, im Juni 1998

Christine Lambrecht
Schneemann

Am Vormittag hatte Sigmund Lang, direkt neben den Mülltonnen, den Weihnachtsbaum zerhackt. Er hatte mit Inbrunst auf den ausgedörrten, dünnen Stamm eingeschlagen. Ein Wunder, daß er sich dabei die Hände nicht einmal zerkratzt hatte, obwohl es darauf nun weißgott nicht mehr ankam. Die Geige, sagte er sich wie eine Gebetsformel beim Rasieren, beim Kauen, vor dem Einschlafen, nach dem Aufwachen, die Geige, Alter, die kannst du dir nun endgültig abschminken. Seine Frau schlug ihm Alternativen vor, die ihm je nach Verfassung drastisch oder irrwitzig vorkamen.

„Einen Computerkurs, einen Buchhalterlehrgang oder was weiß ich," sagte sie, „irgendwas außer Musik wirst du doch auch für die paar Jahre noch bringen."

In seinen Träumen sah er sich selbst, in vielfacher Ausführung, auf der Treppe vor dem geschlossenen Theater Schlange stehen. Er sah seinen schmalen, hohen Rücken zehnfach vor sich und wußte, daß der Atem in seinem Nacken, von all den anderen hinter ihm, auch nur sein eigener war.

An den Wochentagen blieb er nach solchen Träumen lange im Bett liegen. Das war überhaupt das Beste, seit ihm alles, was um ihn herum passierte, meist so fremd vorkam, wie seine unbeschädigten, blassen Hände an diesem Tag. Seine Frau, da war er sicher, lachte schriller und redete derber, seit sie in der Fleischerei arbeitete. Sie hatte sich mit den Frauen dort angefreundet und erzählte abends deren Ehegeschichten und Reiseerlebnisse. Sigmund Lang konnte sich beim besten Willen nicht erinnern, worüber sie früher gesprochen hatte, als sie noch in der Schneiderwerkstatt beschäftigt war. Den ganzen Tag schon traf ihn ihre Stimme scharf. Er solle nicht so ein Gesicht machen, nicht dauernd im Wege stehen, sich wenigstens um die Heringe kümmern, schließlich sei Silvester.

Silvester, das kam ihm wie eine Drohung vor. Da wurde wieder irgend etwas von ihm erwartet, und er merkte doch ganz deutlich, daß er nichts anderes wollte, als diesen Tag hinter sich bringen, wie jeden anderen auch.

Am Nachmittag legte seine Frau Papierschlangen auf den Tisch und drehte die Radiomusik laut. Sie schien guter Laune zu sein. Vielleicht, weil diese Kollegin kommen sollte, deren Mann Nachtdienst bei der Eisenbahn hatte.

Sigmund Lang stand am Fenster und sah dem Schneetreiben zu. Später nahm er den Mantel und die Mütze vom Haken und sagte: „Ich geh noch ein Stück."

Er stapfte durch den frischen Schnee und hörte dem monotonen Knirschen seiner Schritte nach. Das gefiel ihm.

Als er wieder vor seiner Wohnungstür stand, wußte er nicht, wie lange er unterwegs gewesen war.

Im Wohnzimmer hörte er die beiden Frauen lachen. Eine Weile setzte er sich zu ihnen an den Tisch. Er aß etwas von dem Salat, hob ein paar mal mit ihnen zusammen das Glas und trank einen kleinen Schluck. Die meiste Zeit sah er auf das Fernsehbild. Die Frauen redeten über Männer. Bei ihm kamen nur Wortfetzen an, von Männern, die wie Kinder sind, einem Alfred, der grabscht, von Pinkelflecken auf dem Klorand und Bartstoppeln im Waschbecken ...

Aber da stand Sigmund Lang schon am offenen Fenster im Schlafzimmer. Der Raum war dunkel und angenehm kühl, und von draußen kam noch angenehmere, noch kühlere Luft. Es war ganz selbstverständlich, ganz leicht, dieser Schritt, hoch aufs Fensterbrett und dann nach vorn.

Später war da eine große, unglaubliche Stille um ihn her. Himmel, dachte er, wenn das der Himmel wäre, wie auf einer Wolke, so leicht, so frisch, es war die schweben, bis er das schmerzhafte Ziehen im Körper wahrnahm und nun doch die Augen öffnete.

Sigmund Lang lag in dem Schneehaufen, den die Hausbewohner im Laufe der letzten Tage zusammengeschoben hatten, direkt unter dem Fenster seines Schlafzimmers.

Als seine Frau, nach seinem Klopfen, die Wohnungstür öffnete und entrüstet fragte, wo er denn wieder gewesen sei, einfach so, ohne etwas zu sagen, setzte draußen ein Pfeifen und Knallen ein, das sich über alles legte, wie eine große Musik.

Arno Reinfrank
Hamalaya

Sie waren des Stadtteils drei eigene Bettler: Die Bürger kannten sie, denn der eine tanzte vor den Warenhäusern wie eine große Zottelquaste um Groschen, der andere saß regelmäßig in einem Straßentunnel in einer Pfütze und hielt seine rotbraune Hand hoch, und Melinda, das Bettelweib, verbrachte die Tage auf öffentlichen Bänken zwischen zwei Bündeln hockend.

Nicht nur die Frau hatte einen Namen – der Tänzer hieß Molock und der andere mit dem nassen Hosenboden trug den Namen Kabusch. Doch die Bürger, die sich an die Erscheinung der drei im Sommer und Winter – besonders jetzt im Winter! – gewöhnt hatten, wußten diese Namen nicht. Sie unterschieden die Mitglieder der Gruppe lediglich nach deren Aussehen: Melinda, plump und klein, trug unter ihrem schwarzen Übermantel einen dunkelblauen zweiten, darunter blickten die Säume mehrerer Röcke hervor, und der Kopf war in eine schwarzes Tuch gewickelt. Molock reckte seinen dünnen Hals aus mehreren ausgedienten Schneiderwesten, ein Hemd besaß er nicht und in bänderlosen zu großen Schuhen schlurfte er einher. Und Kabusch zuletzt, der hatte den bis oben zugeknöpften Mantel mit einem Strick gegürtet, sein Hinterteil immer ein nasser Flecken, seine Füße ohne Socken, sein Kopf unbedeckt.

Vor einem Jahr hatte Kabusch in Freierslaune Melinda auf einer Parkbank aus seiner Spritflasche zu trinken angeboten, da vertrug sie den Alkohol nicht und wurde tobsüchtig und begann, sich auf den Kiesweg zu werfen. Kabusch legte damals seinen Mantel um sie und fand Worte, tatsächlich beruhigende Worte, denn die Verzweiflung der Frau machte ihn für kurz wieder denken und sprechen. Seitdem zogen die beiden an den Abenden zu Molock, der zuerst allein die Unterkunft für die Nacht bewohnt hatte: Ein Schlupfloch in einem Ruinengrundstück, eine Unterkellerung, die im Sommer dumpf kühl mit Schimmel angefüllt war und im Winter nach dem Rauch von Kistenholzfeuer roch, das die drei darin anfachten.

Der einzige Polizist, der für diese Gegend zuständig war, ließ sie unbehelligt und verschwieg ihre Existenz den Behörden.

Allerlei Lumpen und Reisig schleppten die Bettler in ihr Loch und was sie nicht brauchten, flog wieder hinaus. Das Zusammenkauern um die Fuselflasche geschah aber nicht im Sommer, sondern erst ab der kalten Zeit voller Naßschnee.

An diesem Abend fand Molock als erster heim, mit einer Tüte fleischbesetzter Bratenknochen, aufgelesen aus den Abfallkübeln eines der teuersten Restaurants der Stadt, und er wälzte sich eine Zeitlang auf den Lumpen, bis er die halb liegende Stellung gefunden hatte, die er vorm kommenden Morgen nicht mehr aufgeben wollte. Dann erschien Kabusch, umgeben vom scharfen Urinbecken-Geruch seiner Kleider. Er brummte herum, holte Flaschen aus den Rocktaschen und einen Laib vertrocknetes Weißbrot, den ihm eine Bäckerin an der Hintertür geschenkt hatte, um ihn von der Ladenschwelle fortzubekommen. Aus einem Zeitungsblatt rollte er einen Salzhering, denn er aß gern Salzhering, obwohl seine Nieren ihn dann quälten, aber er verstand nichts von dem Zusammenhang.

Das alles gehörte zur Vorbereitung ihres Festes, von dem sie nicht mehr wußten, als daß es kalt war und die Straßen trugen Lichtergirlanden, die Schaufenster zeigten Flitter und Kugeln aus Glas und auf dem Rathausplatz erhob sich eine hohe beleuchtete Tanne.

Melinda kam erst später.

Die Männer hörten sie übers Geröll heranhumpeln und zugleich ihr hohes Quieken, das sie aufhorchen machte. Kabusch hatte schon das kleine Feuer angezündet und man sah den gewaltigen Schatten der Frau auf der Wand, als sie herein kam, ohne ihre zwei Bündel, aber mit einem Lumpenpacken im Arm, den sie trug wie eine Kostbarkeit.

„Wu ...wu ...wu ...“ fistelte die Stimme der Frau in hohen Noten, ein Freudenwimmern offenbar oder jedenfalls Laute, die Ungewöhnliches anzeigten. Sie kniete nieder und begann an dem Stoffpacken zu zerren und wickelte ihn auf, Fetzen um Fetzen, Lappen um Lappen. Nie redeten die drei miteinander außer in

MEG RON
GRUNDIG

höchster Not, also waren es auch jetzt nur ihre Augen, die den Vorgang wahrnahmen. Mit fahrig zittrigen Händen nahm Melinda aus dem Kern des Ballens eine lebensgroße Puppe – nein, es war keine Puppe, denn sie bewegte einen Arm: Es war ein Säugling in Strampelhose und winziger Weste, und sie hatte ihn vor wenigen Minuten in einer Mülltonne gefunden.

„Uh!“ entfuhr es Molock, ein kurzer, erschreckter Laut nur, und Kabusch begann sich zu schütteln vor Erregung. Melinda nahm das Kind nahe ans Feuer, behauchte das Gesicht mit ihrem Mund, quiekte tierisch und rubbelte das Kleine, bis es wimmerte. Die drei Kolosse drängten sich aneinander, um die Wärme des Feuers niederzuschirmen auf den Findling, der schwach strampelte, halb erstickt, aber gut genährt, vielleicht eine Woche außerhalb des Mutterleibes auf der Welt.

Kabusch hielt in der Hand eine Spritflasche, mit ihrem Inhalt konnte man das Kind vergiften, aber nicht ernähren. Er zog den Korken heraus, benetzte seinen großen schmutzigen Mittelfinger mit einem Tropfen Alkohol und setzte die Fingerkuppe mit zittriger Vorsicht dem Kind auf die Stirn. „Hamalaya;“ sagte er, wie es ihm sein Irrsinn eingab. „Hamalaya heißt es ...“

Und die beiden Männer sahen mit Genugtuung, daß Melinda ihre Kleidung aufriß und aus dem rosa Stoff des Unterkleides eine wammenähnliche Tasche faltete, in die sie den Säugling bettete – in die Wärme zwischen ihren flachen, zu Taschen ausgetrockneten Brüsten. Mit den geheimnisvollen Signalen, die den dreien die Worte entbehrlich machten, war zwischen ihnen bereits das Einverständnis hergestellt: Molock steckte die Bratenknochen und das Weißbrot zu sich, Kabusch nahm die Flasche, und sie verließen hinter Melinda das warme Feuer und den Keller, um hinauszuziehen in die naßkalte Finsternis, über der nur fern und fahl der Glanz aus den erleuchteten Einkaufsstraßen stand.

Kabusch übernahm die Führung, dahinter kamen Melinda mit dem Kind und Molock folgte. So schritten sie durch die menschenleeren Straßen und traten die Flucht an aus der Stadt, denn sie ahnten, man würde ihnen den Findling entreißen wollen, dem sie den Namen „Hamalaya“ gegeben hatten.

Jürgen-Peter Stössel
November '89

Die unter Brücken
nächtigen in U-Bahn-Schächten
spärliche Wärme stehlen
bis auf die Lumpen
ausgeraubt

Noch trennen mich frisch tapezierte Wände
von ihrer Fuselfahne

Aber die käufliche Grenze
ist offen

Theodor Weißenborn
Der Sündenhund

Ich heiße Peter Kiwus und bin ein Zombie, weil mein Vater mich totgeschlagen hat.

Also richtig tot bin ich nicht. Ist ja klar. Weil Zombies, das sind welche, die sind nicht richtig tot und nicht richtig lebendig. Deshalb sind sie eben Zombies.

Zombies sprechen auch nicht. Kein Wort. Sind total stumm. Nur hören können sie und sehen. Die hören und sehen alles, was passiert. Und essen können sie und scheißen. Müssen sie ja, weil sie sonst sterben. Logo. Und ganz schön schlau sind die. Ich auch. Ich weiß genau, wo ich bin. Ich bin in der Uni-Klinik. Abteilung Zombiestation. Mich haben sie mit dem Müllauto gebracht, weil noch Platz in der Mülltonne war. Ich weiß aber nicht, wie ich da reingekommen bin. Das Müllauto kommt morgens um sieben. Das hab ich gehört und gedacht, jetzt holen sie mich. Die hängen die Tonne auf, und womm, peng, schlopp ist die Tonne leer. Was dann war, weiß ich nicht. Das ist wie mit den schwarzen Löchern im Weltraum. Was denen zu nahe kommt, alles, Satelliten, Raumschiffe, Menschen, Meteore, Kometen, Planeten, Raketen, das saugen die an. Mit unwiderstehlicher, magischer Gewalt.

Und wenn mir einer was tun will, dann sauge ich den einfach an. Dann sauge ich ihn in das schwarze Loch, schlopp, und verwandle ihn in Anti-Materie, dann ist er hin. Deshalb tut mir auch nichts weh. Alles, was weh tut, mach ich zu Anti-Materie. Stöcke und Lineale und Bierflaschen und Aschenbecher, alles Anti-Materie. Das ist die geheimnisvolle Macht der Zombies, die die Weltherrschaft antreten. Dann werden die Eltern entthront und müssen im Regen raus und den Kindern das Bier holen. Ne, kein Bier. Aber Cola und Eis und Fritten, und wenn sie nicht spuren, kriegen sie eins mit dem Lineal auf die Rübe. Das ist die Rache der Zombies, weil Böses gehört gestraft.

Früher, also in der Neuen Heimat, da war's ganz gut. Da hatte mein Vater noch Arbeit und meine Mutter hat bei Horten in der Buchhaltung geschafft. Da war mein Vater tagsüber nicht da. Da ging's erst abends los. Und am Wochenende.

Dann haben sie bei ARBED 300 Mann entlassen, und mein Vater war gleich mit dabei. Das is bloß, weil er ist Pole, hat er gesagt. Aber meine Mutter hat gesagt: Ne, weil du montags so oft blau gemacht hast. Ist ja auch wahr. Aber da hat sie gleich eine vor den Ballon gekriegt, daß sie die Klappe hält, und hat auf dem Klo gesessen und geheult.

Mein Vater ist dann immer in Schlappen herumgelaufen und hat den ganzen Tag vor der Glotze gesessen und sich ein Bier nach dem andern reingezogen. Und geschimpft. Auf die schakref Nemjetzki. Dann haben sie das Sideboard aus der Wohnung geholt und den Teppich und die Poltergarnitur, weil alles noch nicht bezahlt gewesen ist, da war das Wohnzimmer leer wie eine Tüte, und wir haben in der Küche gesessen. Das Auto haben sie auch abgeholt. Meine Mutter hat sich bei Horten Geld geliehen für die Miete. Da haben sie sie gefeuert, wie sie's in der Buchhaltung gemerkt haben, weil sie das Geld nicht zurückgeben konnte. Meine Mutter hat gesagt, die haben gesagt bei Horten, sie haben Verständnis. Sie soll sich eine andere Stellung suchen und jeden Monat 200 Mark zurückgeben, dann geht die Sache in Ordnung. Das hat meine Mutter schriftlich unterschrieben. Da mußten wir raus aus der Neuen Heimat, weil wir die Miete nicht bezahlen konnten, und sind in die Kanonierstraße. Da war's echt Scheiße. Bloß ein Zimmer im Hinterhaus mit Kochecke und ein Kabuff, wo gerade mein Bett reingepaßt hat, und kein Bad und das Klo eine Treppe tiefer. Da war ein Torweg und hinten der Schuppen, wo ich mein Fahrrad hatte und wo dann der Bonzo reingekommen ist.

Oh, Mann! Jetzt muß ich wieder die Zombiekapsel schlucken. Wenn ich die nicht freiwillig schlucke, hält der Zombiepfleger mir die Nase zu. Der hat eine Glatze wie Kojak. Oder sie verpassen mir eine Zombiespritze. Homburger Bombe. Da ist es schon besser, ich schlucke. Dann kann ich gut schlafen und merke nicht, wie sie mich ins Gefrierfach stecken. Die mach ich einfach zu Anti-Materie, die Kapsel. Die rolle ich im Mund rum, dann konzentriere ich mich, und dann schluck, zack, weg! Anti-Mateire. Was weg ist, ist weg und tut nicht mehr weh. Alles Anti-Materie.

Den ersten Tag, wo ich hier war, wollten sie alles wissen, was mit mir los ist. Da haben sie gefragt, wie ich heiße und wo ich wohne und wie alt daß ich bin und welcher Wochentag ist und so. Ich hab aber keinen Pieps gesagt und sie bloß angeguckt. Der Professor hat mich mit einem Gummihammer auf die Knie gehauen und angebrüllt und wollte mir Angst machen. Aber ich hab da bloß umhergeguckt und mir die Medizinmänner genau angesehen. Die haben alle um mein Bett herumgestanden und palavert und schamanisch gesprochen. Der Professor hat gesagt: Nun, die Herren Kandidaten! Große Preisfrage: Was ist das? Da haben sie alle geraten. Einer hat gesagt: Mutismus, und einer: Katonie oder so ähnlich. Alles auf schamanisch. Dann haben sie mich rausgefahren in ein kleines Zimmer hinten im Flur. Zum Heilkrampf, haben sie gesagt. Da haben sie mir ein Gummi zwischen die Zähne gesteckt und zwei Platten an den Kopf gemacht, und dann weiß ich nicht mehr. Das ist alles in das schwarze Loch gesaust, ssssst, boinggg, und ist auch gut, daß es weg ist, und mir tut nichts mehr weh. Gar nichts. Auch wenn ich an den Marterpfahl komme. Macht auch nichts. Skalpieren auch nicht. Tut auch nicht weh. Weil Zombies spüren keinen Schmerz. Die sind total immun gegen. In echt.

Heute haben sie gesagt, jetzt, wo sie mit der Großmutter des Jungen gesprochen haben, ist alles klar. Es ist, weil etwas Schlimmes passiert ist. Da reagieren Kinder so, und deshalb brauche ich auch keinen Heilkrampf. Bloß Medizin. Der Zivi hat gesagt: Es wäre gut, wenn er weinen könnte. Da hat er mich gemeint. So'n Quatsch. Zombies weinen nicht. Das muß der Zivi doch wissen, wo er Abitur hat. Und der Professor hat gesagt, er soll sich nicht einmischen, er ist nicht gefragt. Wie sie weg waren, hat der Zivi mir Schokolade gegeben. Nougat-Nuß. Zombieschokolade.

Meine Mutter hat mir auch schon mal Schokolade geschenkt. Die hat sie von Aldi mitgebracht. Sie hat nämlich eine neue Stelle gehabt. Als Kassiererin bei Aldi. Aber da hat sie nicht viel verdient, und sie haben auch noch den Fernseher abgeholt, weil der ist auch noch nicht bezahlt gewesen. Mein Vater ist dann abend immer los mit dem Koslowski. Der hat ihn um sechs nach der Arbeit abgeholt, und dann sind sie zusammen los. Zum Bahnhof oder so. Und nachts um eins mußte meine Mutter ihnen noch eine Pulle rausrücken, und sie haben bei uns weitergemacht. Oh, Mann, die haben vielleicht einen Scheiß geredet! Der Koslowski hat gesagt: In Lodz wir auch immer gehabt viel Verkehr mit Geschlecht von Frau. So'n Scheiß haben die geredet. Und am Morgen hat der Koslowski unten in den Flur gekotzt, und das ganze Treppenhaus hat gestunken.

Am Nachmittag hat mein Vater gesagt, er hilft mit jetzt immer bei den Schularbeiten. Erst hab ich gedacht, na gut, vielleicht will er Deutsch lernen. Helf ich ihm eben. Aber der hat mir vielleicht einen Scheiß beigebracht! Blume kommen von blühen, hat er gesagt und wird sich mit h geschrieben. Und jetzt machen Satz mit Satzgegenstand und Satzaussage. Weißt du nicht. Bist du zu dumm für. Will ich dir sagen Satz mit Satzgegenstand und Satzaussage. Haus hat Fenster. Da hast du Satz mit Satzgegenstand und Satzaussage. Lauter so'n Scheiß! Oh, Mann, dem haben sie echt ins Gehirn geschissen und vergessen umzurühren.

Dann hat er gesagt, er will mir das große Einmaleins beibringen. Obwohl wir das in der Schule gar nicht gebraucht haben. Aber er großer Rechenkünstler, und jetzt mal zack, zack! 8 x 17! Zack, zack! 4 x 13! Zack, zack! Und für jeden Fehler hat er mir eins mit dem Lineal übergezogen. Immer mit der scharfen Kante. Auf die Schulter und den Rücken und die Arme und einmal auf den Kopf, da ist das Ohr eingerissen, und ich hab geblutet wie ein Schwein und bin 14 Tage mit einem Pflaster herumgelaufen und hab überall blaue Flecken gehabt. In der Turnstunde hat der Wallach, also der heißt Wallisch, das ist unser Turnlehrer, aber wir sagen Wallach, der hat gesagt: Was ist denn mit dir los? Mach mal das Hemd hoch! Da hat er sich meinen Rücken angesehen und hat gesagt: Wie ist denn das passiert? Und ich hab gesagt: Ich bin die Treppe runtergefallen. Muß ja 'ne hohe Treppe sein, hat der Wallach gesagt. Fünf Stockwerke, was? Und ich hab gesagt: Ja, im Hinterhaus. Da hat er nichts mehr gesagt. Aber ich glaube nicht, daß er mir geglaubt hat. Ich hab gedacht, die gehen von selbst wieder weg, die Flecken. Sind sie auch. Aber ich hab immer neue Flecken gehabt. 16 x 9! Zack, zack! Und dann die Woche, wo wir

Schwimmen hatten, hat der Wallach gesagt, ob ich schon wieder die Treppe runtergefallen bin. Da hab ich gar nichts gesagt. Da hab ich gedacht, ich hau ab nach Amerika oder Australien. Als Sträfling oder so. Da gründe ich dann eine Kolonie und komme mit einem dicken Auto zurück. Oder ich fahre zur Oma nach Rimschweiler. Das hat aber nicht geklappt. In Luisenthal hat der Schaffner mich schon rausgeschmissen, weil ich keine Fahrkarte hatte, und ich mußte das ganze Stück zu Fuß zurück und bin erst um vier Uhr zu Hause gewesen. Auweia! Da ist das mit dem Ohr passiert. Weil Böses gehört gestraft. Böses und Falsches. Wenn man Fehler macht oder so. Zombies machen keine Fehler. Die sind fein raus, weil sie nicht sprechen können. Denn wer nichts sagt, der sagt auch nichts Falsches.

Darum hab ich der Zombieärztin nichts gesagt, wo sie unbedingt wissen wollte, was mit dem Hund ist und wie der heißt. Geht die feuchten Lehm an! Und was zu Hause ist. Familien halten zusammen, hat die Oma gesagt. Wie Pech und Schwefel.

Den Hund hat mein Vater mir geschenkt, und ich hab mich gewundert, wo er mir doch sonst nie was schenkt und dem Koslowski sogar mein Fahrrad verkauft hat. Heimlich. Ohne mich zu fragen. Das finde ich gemein! Zwei Kästen Bier hat er dafür gekriegt, und ich mußte zu Fuß in die Schule und jeden Morgen eine halbe Stunde früher aufstehn.

Erst ist aber der Mann vom Jugendamt gekommen. Das war am Nachmittag bei den Schularbeiten. Der hat vor der Tür gestanden mit einer Aktentasche und hat gesagt, er muß meinen Vater sprechen. Aber allein. Da hat mein Vater mich nach nebenan geschickt. Ich hab aber an der Tür gestanden, weil ich ein kleiner Kessel mit großen Ohren bin. Das hat die Oma gesagt. Und da hab ich alles gehört. Er kommt vom Jugendamt, hat der Mann gesagt, und geht einem Hinweis nach. Prügelstrafe ist Körperverletzung und strafbar, und – da war mein Vater gleich auf neunzig und hat rumgebrüllt. Er ist in Lodz in Waisenhaus großerzogen, hat er gesagt. Da sie auch immer Prügel gekriegt und nix zu essen, und hat sich nix geschadet, weil Böses gehört gestraft. Und Mann jetzt machen, daß wegkommen. Raus und verschwinden. Schakref Nemjetzki!

Der hat aber keine Angst gehabt, der Mann. Hat gesagt: Mäßigen Sie Ihre Rede, Herr Kaminski! Sonst wird Strafanzeige erstattet. Und hat gesagt, dann muß ich zum Amtsarzt, und für Körperverletzung gibt's Gefängnis, dann kommt mein Vater nach Butzbach, na, dann prost, und ob das jetzt in seinen besoffenen Kopf geht. Mann, da hab ich mich gefreut!

Aber es hat mir auch leid getan. Das mit dem Waisenhaus. Das war bestimmt Scheiße. Ich hab gar nicht gewußt, daß mein Vater im Waisenhaus war. Jetzt sag bloß noch, bei Patern. Der Herbert aus meiner Klasse, der war mal im Don-Bosco-Heim in Neuwied, wo seine Eltern geschieden worden sind. Auweia, da hatten sie einen Typ, hat er gesagt, wie ein Kirmesboxer.

Mein Vater war dann ganz kusch. Am nächsten Tag ist er nach dem Essen weg, und ich hab meine Ruhe gehabt. Wie er zurück ist, hat er den Bonzo bei sich gehabt. Den hat er vom Bahndamm geholt. Aus dem Tierheim. Weil ich hab doch schon immer einen Hund haben wollen, und der gehört jetzt mir, das ist jetzt mein Hund.

Der war vielleicht lustig, der Hund! Das war ein spitzgemoppelter Dobermannspinscher mit einem weißen Fleck überm Auge und Schlappohren. Der ist gleich an mir hoch und hat mich am Mund geleckt, und ich wollte ihn mit ins Bett nehmen. Durfte ich aber nicht. Abends mußte der Bonzo immer runter in den Fahrradschuppen. Da hat er dann den Mond angejault, weil der Hund vom Wolf abstammt, und die Leute aus dem Haus auf der anderen Seite haben sich beschwert.

Ich hab gar nicht gewußt, was los ist mit meinem Vater. Vielleicht will er ein neues Leben anfangen, hab ich gedacht. Ja, denkste! Wie wir wieder bei den Schularbeiten waren, hat er gesagt: Kinder schlagen verboten, da kann man nix machen. Aber er jetzt immer Hund schlagen, wenn ich machen Fehler. Weil Böses gehört gestraft. Da hab ich geweint und gesagt, er soll lieber mich schlagen. Nix da! Ich dich nix schlagen. Nur Hund! 3 x 19! Zack, zack! Auweia! Da hat der Bonzo sie gekriegt. Der hat gar nicht gewußt, was los ist, und wollte mit immer auf den Schoß und zur Tür heraus und unter meinen Stuhl und hat vor lauter Angst im Zimmer rumgepieselt. Da hat er sie erst richtig gekriegt. Ich hab aufgepaßt wie verrückt, und hab das große Einmaleins vorwärts und rückwärts gekonnt. Aber dann ging's meinem Vater nicht schnell genug, zack, zack! Und ich hab doch wieder einen

Fehler gemacht, und der Bonzo hat sie wieder gekriegt mit dem Lineal und immer mit der scharfen Kante.

Abends spät, vor dem Einschlafen, bin ich immer noch mal runter. Ich muß zum Klo, hab ich gesagt. Aber ich bin in den Schuppen und hab den Bonzo auf den Arm genommen. Der hat gewinselt und mir das Gesicht abgeleckt, weil ich geweint habe. Klar. Da war ich ja noch kein Zombie. Der Bonzo hat bestimmt auch überall blaue Flecken, hab ich gedacht. Bei Hunden sieht man die bloß nicht. Unterm Fell.

Die Zombieärztin hat irgendwas rauskriegen wollen, was ich selber nicht weiß. Irgend was mit Bonzo. Die hat sich bei mir ankötteln wollen. Sie heißt Frau Doktor Petermann, hat sie gesagt. Ist das nicht lustig? Weil ich doch Peter heiße, und das ist ein schöner Name. Was Besseres ist der auch nicht eingefallen. So'n Scheiß! Wenn nun einer Walter heißt. Heißt sie dann Waltermann? Sie hat mir Sachen zum Malen mitgebracht. Weil alle Kinder gerne malen, und soll mal ein Bild malen, das soll heißen: Unsere Familie. Ich hab aber keinen Mucks getan und sie bloß groß angeguckt. Da hat sie das Tablett vom Tischchen genommen, das Zombietablett, und das Zombiegeschirr runtergetan und mir das Tablett auf den Bauch gelegt. Und aus einem Kästchen hat sie ganz viele Püppchen aus Holz auf den Tisch gekippt. Alles durcheinander, wie wenn auf dem Flugplatz in Wien eine Bombe hochgegangen ist. Erwachsene und große und kleine Kinder und Männer und Frauen mit Besen und einer mit einer Ziehharmonika und jede Menge Tiere. Na ja, was soll's. Ich hab mir die angesehen, und dann hab ich den Mann mit dem Spazierstock hingestellt und eine Frau danebengestellt, so eine mittelalterliche, und den Jungen mit dem Fahrrad und einen Hund und noch eine Frau, eine alte, aber weiter weg.

Und dann hab ich noch mal hingeguckt und den Hund auf den Rücken gelegt. Der hat alle vier Beine in die Luft gestreckt, und ich bin auf einmal schrecklich müde gewesen und hab die Augen zugemacht. Die hat mich aber nicht schlafen lassen, die blöde Tussi. Warum ich den Hund auf den Rücken gelegt habe, hat sie gesagt, und ich hätte einen Blackout gehabt, ob ich weiß, was das ist, und ich soll mal versuchen, mich genau zu erinnern.

Na klar weiß ich, was ein Blackout ist! Ein Blackout ist, wenn man Scheiß redet.

Ich hab aber keinen Scheiß geredet. Ich hab nämlich überhaupt nichts gesagt. Und wer nichts sagt, der kann auch keinen Scheiß reden. Ist doch logo! Und überhaupt, wodran soll ich mich denn erinnern, wenn ich noch nicht mal weiß, wodran!

Das kommt vom E-Schock, hat der Zivi gesagt. Der hat gerade das Geschirr rausgeholt. Alles vom E-Schock. Wer noch keinen Dachschaden hat, davon kriegt er bestimmt einen.

Da war die Zombieärztin aber sauer. Davon verstehen Sie nichts, hat sie gesagt, und der Zivi hat Widerworte gegeben, und sie sind beide raus auf den Flur, und da haben sie weitergezankt.

Da bin ich einfach in meine Zombiehöhle gekrochen und hab die Augen zugemacht und mit meinem Pimmel gespielt.

Wenn ich so müde werde, das kommt von dem schwarzen Loch in meinem Kopf. Weil das immer größer wird. Was da alles drin ist! Ich muß bloß aufpassen, daß ich da selber nicht dran komme. Sonst geht es auf einmal schlopp, dann saugt das Loch mich an, und dann bin ich selber weg. Eigentlich komisch, daß das nicht schon passiert ist. Ne, das ist eben der Trick von den Zombies. Zombies sind da immun gegen. Gegen die schwarzen Löcher. Die sind gegen sich selbst immun und können prima schlafen. Aber die sabbern im Schlaf. Wie Hunde. Wenn sie Leichen gefressen haben. Menschen fressen auch Leichen. Von Tieren. Deshalb muß ich mir auch immerzu den Mund abwischen. Das ist, wie wenn ich den nicht richtig zukriege. Wie mein Vater besoffen auf der Couch gelegen hat, hat er auch so gesabbert. Wie ein Zombie.

Das weiß ich alles von den Videos, die sie sich reingezogen haben. Weil mein Vater abends immer mit dem Koslowski los ist in die Kneipe, da hat meine Mutter sich bei Aldi Geld geliehen für einen Videorekorder. Den hat sie meinem Vater geschenkt, daß er abends zu Hause bleibt. Da hat sie auch schon mal einen mitgetrunken. So ist es billiger, haben sie gesagt. Und gemütlich. Da haben sie es sich gemütlich gemacht und auf der Bettcouch gesessen und sich die Videos reingezogen und Bier und Kroatzbeere, die hat meine Mutter auch von Aldi mitgebracht.

Ich wollte auch mitgucken. Durfte ich aber nicht. Sehen hab ich nichts können, durchs Schlüsselloch. Nur hören. Da konnte ich mir schon denken, was los war. Die haben den Man Eater gesehen. Das ist ein Menschenfresser mit einer Motorsäge, damit sägt er den Leuten die Köpfe ab. Dann die Rache der Zombies und Liebesgrüße aus der Lederhose und in der Hölle ist der Teufel los. Das war gemütlich.

Also mit den Zombies, das ist so: wenn die nicht richtig angekettet werden oder tiefgefroren, da geht ganz langsam der Deckel hoch, ächz, ächz, da kommen sie aus ihren Särgen oder aus dem Mauseleum, das ist eine unterirdische Leichenhalle mit Ratten und Mäusen drin. Dann entwickeln sie überirdische Kräfte und schieben meterdicke Steinplatten beiseite. Knirsch, knirsch. Millimeter um Millimeter. Das machen sie, wenn sie Menschenfleisch wittern. Dann kratzen sie an den Mauern der Leichenhalle, und die blutigen Fingernägel brechen ab, und dann kriechen sie durch den Lüftungsschacht und bringen Tod und Verderben über die Menschheit, weil sie abartige Gelüste haben und sich an Leichen vergehen. Die fressen die Eingeweide der Leichen und reißen den Toten das Herz aus dem Leib und stöhnen ganz gräßlich, uach, schmatz, schlürf, würg, uarggg, und wer weiß, was die sonst noch alles machen. Und töten kann man sie nur, wenn man ihnen einen glühenden spitzen Pfahl durch die Brust bohrt oder wenn man sie in ein Faß mit Salzsäure wirft. Zoschschsch! Da verwandeln sie sich dann in einen grünen Glibber und schlürfen einen aus dem Anzug oder aus dem Nachthemd, bis ihnen schlecht wird. Dann werden sie mit dem Flammenwerfer verbrannt, und dann werden sie zu Anti-Materie.

Dann hat die Menschheit endlich Ruhe, und da konnte ich dann einschlafen.

Mein Vater ist aber immer schlimmer geworden, und meine Mutter hat auch was abgekriegt. Wenn kein Bier da war oder keine Kroatzbeere oder so. Nicht mit dem Lineal, aber mit der Faust. Voll in die Mappe. Daß sie ein Veilchen am Auge gekriegt hat. Da konnte sie dann bei Aldi erzählen, sie hätte sich gestoßen. Das sagt sie der Omi, hat sie gesagt. Da hat sie gleich noch ein paar reingekriegt, in die Vollen, und ist nicht mehr runtergekommen vom Klo, und mein Vater hat den Hammer geholt und die Klotür aufgebrochen.

Genau weiß ich nicht mehr, weil ich dann tot war oder so und in der Mülltonne. Wumm, peng, schlopp! Deshalb bin ich jetzt hier. Ist doch klar, daß die Müllmänner mich gefunden haben. Die gucken doch sowieso auf der Kippe, ob sie noch was gebrauchen können.

Aber erst ist der Koslowski gekommen, Sich bedanken für das Fahrrad, hat er gesagt. Und er hat einen Kasten Bier mitgebracht, steht unten im Flur, und den soll ich mal raufholen. Ich hab sofort gespurt, weil sowieso schon der Teufel los war und meine Mutter so schrecklich geweint hat, und ich bin schnell runter, den Kasten holen. Da ist mir, wie ich ihn schon halb oben hatte, der Bonzo zwischen die Beine, der ist mir immer nach, und da bin ich die Treppe runtergefallen mit dem Kasten, aber in echt. Das war ein fürchterlicher Krach und alle Flaschen kaputt. Jetzt schlägt er mich tot, hab ich gedacht, wie ich meinen Vater mit dem Hammer – nicht den Jungen! Nicht den Jungen! hat meine Mutter geschrien, und dann weiß ich nicht mehr, weil ich unmächtig geworden bin. Dann hat der Man Eater mir den Kopf abgesägt, und dann war auf einmal alles still. Mucksmäuschenstill, und ich hab geträumt, mein Vater hätte gesagt: Gucken, ob noch Platz in Mülltonne. Da haben sie mich in die Mülltonne, womm, peng, schlopp, und jetzt bin ich hier.

Jetzt haben sie schon wieder alles vollgesabbert, und das Taschentuch ist klatschnaß, wieso krieg ich denn bloß den Mund nicht zu! So was Blödes Alles naß. Ist egal. Zombies ist sowieso alles egal. Die haben kein menschliches Herz in der Brust und fühlen sich wohl in der Scheiße wie der Spatz im Pferdeköttel.

Gestern nachmittag, wie ich die Zombiekapsel geschluckt habe und wach geworden bin, hat auf einmal die Oma an meinem Bett gesessen, und ich hab sie bloß groß angeguckt. Das ist schön, daß es mir wieder besser geht, hat sie gesagt. Und essen kann ich auch schon wieder, da hat sie mir Himbeersaft mitgebracht und Kuchen, da bin ich bald wieder ganz gesund, soll ich mal sehn. Na gut. Ich hab gedacht, ich sag mal am besten gar nichts, weil ich ein Zombie bin. Und Zombies können auch gar nichts sagen. Auch wenn sie wollen.

Einmal hat der Professor reingeguckt. Das macht der sonst nie. Ja, Frau Kiwus! Das ist schön, daß Sie da sind! Kann ich Sie mal unter vier Augen sprechen? Und sie sind raus.

Unter vier Augen, das ist immer interessant. Da haben sie Heimlichkeiten. Ich bin gleich raus aus dem Bett und ihnen im Flur hinterher. Immer an der Wand lang. Und in gesichertem Abstand. Klar. Da sind sie in das Zimmer, wo immer die Tür offen ist. Und von da ins Rektorzimmer. Ich hab auf der anderen Seite gestanden, in der Nische, wo die Duschen sind, und verdeckte Ermittlungen gemacht. Der Professor ist noch mal raus und hat gesagt. Kollege Fahrenholz, ach, bitte, kommen Sie doch auch! Der ist dann auch ins Rektorzimmer. Dann ist eine mit einem Wägelchen vorbei und hat gesagt: Du bist ja barfuß, Junge! Zieh dir mal Schlappen an! Dabei habe ich gar keine Schlappen. Zombies brauchen auch keine Schlappen. Die sind immer barfuß. Wie Indianer. Wenn sie verdeckte Ermittlungen machen.

Nach einer Weile ist der Professor und der Zombiearzt wieder rausgekommen und die Oma hinterher, und ich bin hinter den Kübel mit dem Gummibaum und hab ganz vorsichtig durch die Blätter geschaut, gaaaaanz vorsichtig. Der Professor hat ein ganz böses Gesicht gemacht. Hat die Zähne zusammengebissen und sich mit der Faust in die Hand geschlagen, und wie sie an mir vorbei sind, hat er zu dem Zombiearzt gesagt: Den bring ich hinter Gitter!

Dann ist mir schlecht geworden, daß ich gedacht habe, jetzt kotz ich den Gummibaum an, der ist dann voll Zombiekotze, so'n Mist! Und dann hat die Oma mich gesehen. Ja, Junge, was machst du denn hier! Jetzt aber mal schnell ins Bett! Du erkältest dich ja!

So'n Quatsch! Zombies erkälten sich nie. Nicht mal in der Leichenhalle. Im Gefrierfach. Die sind total cool.

Wie sie mich dann ins Bett gebracht hat, konnte ich kaum gehen. So schwindlig war ich, und mir sind immer die Beine eingeknickt. Das kommt bestimmt von dem vielen Zombiebrei. Ekel!

Die Oma hat mir dann den Mund abgewischt und gesagt, sie läßt mir die Tempotaschentücher da, hier ist aber auch gar nichts, noch nicht einmal Taschentücher. Und meine Mutter kommt mich auch besuchen, hat sie gesagt. Wenn es ihr wieder besser geht. Im Augenblick kann sie nicht. Weil sie ist ganz schlimm die Treppe runtergefallen und hat sich am Auge verletzt. Aha. Meine Mutter arbeitet auch nicht mehr bei Aldi, hat die Oma gesagt. Sie

ABUS
N:45/25

ist jetzt in Saarbrücken. In einem Haus, wo nur Frauen wohnen. Na schön.

Jetzt ist mein Oma weg, und ich hab ihr nichts gesagt, weil Zombies nicht sprechen können. Wenn die mal Besuch haben von ihrer Oma oder so und wollen ihr was sagen, da können sie nicht. Und wenn sie noch so viel sagen wollen. Dann fährt die Oma weg und ist nicht mehr da. Nur die Tempotaschentücher sind noch da und der Himbeersaft. Und der Kuchen. Den verschlingen sie dann. Dann liegen sie ganz allein in ihrer Zombiehöhle und fressen den Kuchen auf.

Die Oma hat gesagt, wir können wieder bei ihr wohnen, in Rimschweiler, meine Mutter und ich, und kann ein Kaninchen haben oder einen neuen Hund. Ich will aber keinen. Weil Kaninchen werden geschlachtet und Hunde vergiftet oder vom Auto überfahren. Wie Igel. Ich hab mal einen gesehen in Rimschweiler. Auf der Straße. Wie Zombiebrei.

Aber eigentlich ist es mir egal, ob ich einen Hund habe und ob sie den in die Mülltonne schmeißen. Weil ich bin ein Zombie und Zombies weinen nicht.

Said
Fisch

Fisch
sei still!
Es sind nur Wolken,
die stumm ins Meer tauchen.

Oder gibt es da unten
auch eine Wolke,
die sich die Fremden anschaut
und sie beizeiten auffrißt?

Thomas R. Eimer
Rush hour

Stop and go. Hauptverkehrszeit. Auf der dreispurigen Hauptstraße kriecht der Wagen im Schrittempo über den Asphalt. Stop. Die Lüftung saugt nur die Abgase des Vordermannes in den eignen Wagen, er stellt sie wieder ab, zieht das Schweißtuch aus der linken Hosentasche. Go. Einmal über die Stirn wischen, Schweiß klebt am Tuch. Stop. Neue Perlen bilden sich, fließen von der Stirn in die Augenbrauen, klebrig salzig. Zwecklos, sie abzuwischen. Go. Ein Griff auf die Ablage über dem Cockpit, die Zigarette aus dem frisch angebrochenen Paket, das Feuerzeug in die Linke. Stop. Zigarette angezündet, Feuerzeug auf das Cockpit zurückgelegt. Go. Das Radio: Nachrichten. Schon gelesen. Musik: Längst gehört. Kommentar: unverständlich. Stop. Radio aus. Go. Vorne die Ampel.

Ein Auto nach dem anderen hält vor dem roten Licht. Auf der Linksabbiegerspur kommt immer nur einer durch. Ideal zum arbeiten. Nur, daß die Sonne den Rücken verbrennt. Ein Blick auf die Fahrer, ein kurzes Nicken. Dann nichts wie her mit dem Wassereimer, das Tuch aus dem Behälter gezogen und ein-, zwei-, dreimal über die Scheibe gewischt. Großstadtgeld für Großstadtschmutz. Das Ledertuch aus der Tasche ziehen, kurz damit übers Glas fahren, zur Fahrertür laufen und das Geld entgegennehmen. Freundlich lächeln dabei. Großstadtgeld für Großstadtschmutz. Nächstes Auto.

Stop. Noch zwanzig Meter bis zur Ampel. Ein Scheibenputzer. Keine schlechte Idee eigentlich. Go. Links einordnen. Stop. Asche auf der Hose. Abstreifen. Die Asche verteilt sich über den Stoff. Stop. Wegblasen. Der Qualm im Wagen wird unerträglich, Die Augen brennen von Schweißtropfen. Oder vom Qualm? Das Seitenfenster herunterkurbeln. Der Lärm draußen ist noch unerträglicher. Go. Seitenfenster wieder hochkurbeln. Noch ein Wagen vor der Ampel. Hupen. Stop.

Der Rücken schmerzt. Das Wasser wird dreckig. Für ein Fahrzeug dürfte es noch langen. Ein Blick, ein Kopfschütteln: Dieser will nicht. Warten, auf den nächsten. Und danach der mühsame Weg zur Tankstelle. Zwischen den Windschutzscheiben hindurch, geputzten und ungeputzten.

Go. Endlich die Ampel. Der Vordermann fährt. Stop. Wieder Rot. Die Sonne blendet. Aber Erster in der Reihe. Der Scheibenputzer. Ein Blick, ein Nicken. Zigarette abaschen, diesmal sorgfältiger. Abschnallen, Kleingeld suchen. Ein dreckiger Lumpen auf dem Glas. Im Schein der Sonne bilden sich Schlieren.

Der letzte Wagen. Das Wasser ist braun. Eine Mischung aus Schweiß, Staub und Reinigungsmittel. Die Haut juckt. Und dann die tödliche Hitze im Rücken. Besser aufhören nach diesem Auto. Weniger Geld, aber weniger Schmutz. Letztes Auto. Danach ist wirklich Schluß.

Leder und Finger gleiten über die Scheibe. Die Finger drücken das Leder zur Seite, Menschenhaut wischt über das Glas. Die Sonne blendet. Knochen pochen auf die Windschutzscheibe. Wieder fällt Asche auf die Hose. Noch immer Staub auf der Scheibe. Die Knochen pochen stärker gegen das Glas. Die Ampel: Grün. Nichts wie weg. Kupplung. Erster Gang. Vollgas. Go!

Ein Schrei gellt durch die Straße. Der Eimer rollt vor die Ampel. Ein Körper fliegt zur Seite. Braunes Wasser ergießt sich über den Asphalt. Hupen. Blut fließt. Großstadtblut. Großstadtblut für Großstadtgeld für Großstadtschmutz. Stop.

Olly Komenda-Soentgerath
Unterricht

Nein, sie hatte keine Ahnung,
wo Kisangani liegt.

Erst als Herr Lehrer Krieg
es ihr im Fernsehen zeigte,
kannte sie sich aus.

Mit dem Lauf seines Gewehres
unterrichtet er sie weiter.

Sie weiß jetzt,
wo sie Brcko und wo Vlora
finden kann.

Der ganze Globus wird
ihr bald bekannt sein,
und ein „Sehr gut“
in Geographie
ist ihr dann sicher

Ulla Lessmann
Das Schlagloch

Immerhin, das Loch ist zu. Ihr vertrautes Schlagloch. Ihr tägliches Vergnügen, wenn die Trabbis, die es besser hätten wissen können, mit wunderbarer Gewißheit durch das Schlagloch stolperten.

Viele Vormittage, nachdem sie die Einkäufe erledigt, staubgewischt, Blumen gegossen hatte, saß sie am Fenster und beobachtete die Schlaglochhupser. Die Gesichter der Fahrer, manche gelangweilt, weil sie täglich drüber fuhren, einige erschrocken, viele böse; die Beifahrer, die sich empört umdrehten.

Das Schlagloch haben sie gemacht. Sehr ordentlich. Sehr langweilig. Die Autos sind größer, viele verschiedene Sorten, zugegeben, aber sie sausen vorbei und nichts passiert. Für Autos interessiert sie sich nicht. Schade, daß die Gesichter der Fahrer sich nicht mehr verändern, wenn sie an ihrem Fenster vorbeifahren.

Von dem Schlagloch selber ist nichts mehr zu sehen, nur wenn man es so genau kannte wie sie, weiß man noch ungefähr, wo es einmal war. Dafür ist das Fernsehen interessanter. Aber sie traut sich auch jetzt, fünf Jahre danach, noch nicht recht, allzuviel zu gucken. Der Tag ist dann noch schneller vorbei und das meiste geht sie nichts an.

Sie will nicht so viel wissen über diese rausgestülpten Seelen, die sich da ausstellen. Das hat sie auch in der Kaufhalle gesagt, die jetzt so hell und unübersichtlich ist, zu ihrer ehemaligen Kollegin. „Da kann man wirklich nichts sagen, das Schlagloch haben sie gemacht", weil sie weiß, daß die Leute das so sagen.

Nie würde sie zugeben, daß sie das Loch lieber behalten hätte. Immer noch findet sie sich nicht zurecht zwischen den sieben Sorten Reis, den fünfzehn Sorten Brot. Es dauert so lange, bis man sich entschieden hat, alle haben es jetzt so eilig. Für sie ist die Auswahl sehr anstrengend, macht sie mutlos.

So ist sie froh, daß sie '89 schon pensioniert war und nicht noch lernen mußte, die 46 Waschmittel einzusortieren. Obwohl sie, vielleicht, sowieso abgespeckt worden wäre.

Unter den vielen neuen Worten, die sie liest und hört, ist abspecken eines derjenigen, dessen Wesen sie lange nicht verstanden hat. Sie dachte an Mäusefallen, Diäten, Magerkost.

Schließlich fragte sie die alte Kollegin und die erklärte es ihr. Abspecken, abschmelzen, abwickeln, alles das gleiche. Sie ist wirklich froh, daß sie das eigentlich nicht mehr lernen muß.

Sie hat mehr Rente als vorher. Das ist peinlich. Niemand soll es wissen, zu viele sind abgeschmolzen und abgespeckt worden. Sie hat so viel Glück, daß sie den Verlust des Schlaglochs wirklich verschmerzen müßte.

Sie zahlt keine Miete, weil ihr Häuschen schon fast sechzig Jahre ihr gehört. Die alte Frau Kruse haben sie dreimal erhöht, sie ißt nur noch Haferflocken mit Wasser. Frau Leising haben sie gleich unterm Hintern weg verkauft. Sie ist nun im Altersheim, Seniorenheim heißt das jetzt und erkennt sie nicht mehr. Sie geht trotzdem hin, alle vier Wochen und erzählt etwas. Vielleicht bekommt Frau Liesing davon doch etwas mit.

Wenn sie an ihrem Fenster sitzt, vor das sie im Winter immer die dicke Wolldecke legt, damit es nicht zieht, schämt sie sich, daß sie um das Schlagloch trauert.

Sie hat tatsächlich viel Glück gehabt. Die Söhne waren im 2. Weltkrieg noch zu klein und konnten nicht fallen. Beide sind Ende der Fünfziger rüber und haben gute Posten. Früher ist sie einmal im Jahr zu Besuch hingefahren, jetzt kommen sie zweimal im Jahr zu ihr, zum Geburtstag und zu Weihnachten.

Zu Weihnachten abwechselnd. So hat sie schon zehnmal Besuch gehabt.

Andere sehen ihre Kinder nie. Oder Herr Bromke. Dem sind sie wirklich, wie sie es bis dahin nur aus der Zeitung kannte, in den Vorgarten gefahren, waren Vorbesitzer. Er hat zweimal mit dem Luftgewehr auf die geschossen. Als die Polizei kam, ist er in den Hinterhof gesprungen.

Diese traurige leere, glatte Straße, wenn sie aus dem Fenster guckt. Selbst der Mann war nur ganz kurz krank. Wie viele müssen zehn Jahre und länger pflegen. Es ging ganz schnell und sie hatten eine gute Zeit gehabt. Er war schon über siebzig und hätte sich auch gar nicht mehr zurechtgefunden in den großen Läden.

Er ist gerne einkaufen gegangen, ganz anders als andere Männer. Hat immer angestanden, gewußt, wo es was gibt, das sie gerne haben wollte. War immer stolz, wenn er es hatte. Nach dem Kriege gab es ja auch nichts.

Epochenbruch. Noch so ein Wort. Eine Zeitlang haben sie diese Worte über den Verlust des Schlaglochs hinweggetröstet. Epochenbruch, Vereinigungskriminalität, Zusammenbruch, Zeitenwende. Sie hat sie laut ausgesprochen und neue hinzu erfunden. Warteschleifenwende, Revolutionsbruch, kriminelle Epochenvereinigung. Es wurde langweilig.

Sie hat immer verkauft. Gerne. Das, was eben da war. Als Ladenmädchen durfte sie in den zwanziger Jahren nur abpacken und auspacken. Aber sie war fleißig und konnte bald hinter die Theke. Damals ließen alle anschreiben.

Und als es nichts mehr gab, nach dem Kriege, hat sie das wenige auch gerne verkauft.

Sie war bis zur Rente manchmal im Schaukasten. Das Foto war nicht besonders, aber gefreut hat es sie trotzdem, ihren Mann auch. Und es gab ja eine Prämie.

Bei den Nazis hat sie auch verkauft. Und, was so abfiel, nach hinten gebracht, wo der Kaufmann jemanden hatte, der nur nachts aufs Klo durfte. Der hat sich immer sehr gefreut, wenn sie etwas übrig hatte. Später war der dann eine kurze Zeit Bürgermeister im Dorf. Sie hat ihn lange gar nicht erkannt, weil es im Lager immer so dunkel gewesen war. Irgendwann war er dann weg.

Viele sind weg. Herr Bromke auf dem Friedhof, Frau Leising im Heim und Hilde Kruse traut sich nicht mehr raus. Aber die Straße ist gemacht und nun soll der Tourismus kommen.

Das mit dem Tourismus hat die Kollegin erzählt. Sie selber war mit den Kindern einmal im Harz, ein paar Mal an der Ostsee und zweimal in der Hauptstadt. Sonst hatten sie ja den Garten.

Vielleicht könnte sie ein Zimmer vermieten, hat die Kollegin gemeint, die Leute mögen das. Hatte sie gelesen. Kleines Holzhaus, Kohleheizung, großer Garten mit alten Obstbäumen und das eine Zimmer brauchst Du ja nicht, wenn Deine Söhne nicht kommen und im Sommer kommen die nicht.

Sie hat darüber nachgedacht. Die Erdbeermarmelade gekocht, die frühen Kirschen eingeweckt und zwischendurch beim Ausruhen an den Tourismus für das unbenutzte Zimmer gedacht.

Aber das Klo, hat sie zu der Kollegin gesagt. Ach, das finden die doch romantisch, die haben es doch sonst alles wie geleckt. Sie hat früher selber schon daran gedacht, das Klo nach drinnen verlegen zu lassen, eine Art Badezimmer einzurichten. Aber damals fehlten die Sachen und nun lohnt es auch nicht mehr für die restlichen Jahre.

Man friert im Alter ohnehin nicht mehr so schnell.

Man müßte wohl Frühstück anbieten, hat die Kollegin gemeint, da hättest Du Riesenerfolge mit Deinen Marmeladen und Deinem Kompott. So, wie Du noch beeinander bist mit Deinen fast achtzig, schaffst Du das. Weißt Du, „Ferien wie früher" oder so ähnlich. Junge Leute von drüben, die werden das mögen, auf Deiner Bank unter dem Kirschbaum und die Federbetten und Deine Häkeldeckchen. Arbeit hast Du damit kaum. Nur die Bettwäsche und die Handtücher und das Frühstück. Du mußt eben früh aufstehen, machst Du sowieso, damit Du mit dem Waschen soweit bist, wenn die zum Frühstück kommen. Nimmst das gute Geschirr, das muß auch mal dran, sie werden schon vorsichtig sein damit. Dann erzählst Du ihnen was von Ulbricht und Margot und von der Stasi und 17. Juni und daß Dein Heinz Kommunist war oder so. Das finden die toll.

Das wird sie nicht tun, weil sie gar nichts darüber weiß und ihr Heinz war auch nichts.

Aber das mit dem guten Geschirr ist richtig.

Sie hat es nun zehnmal in den letzten fünf Jahren herausgenommen und davor das letzte Mal auf Heinz Beerdigung. Echtes Meißner, kein Mensch wußte, wie Heinz das zu ihrem 65. geschafft hatte. Gefragt hat auch keiner.

Sie hat schon entschieden, daß das die Frau ihres Ältesten bekommt, weil die es aufrichtig bewundert hat. Die Frau ihres Jüngsten war nur empört, daß es benutzt wurde.

Sie denkt jetzt wirklich viel an den Tourismus für das schöne Zimmer. Nicht mehr jeden Tag an das Schlagloch.

Hat noch einmal mit der Kollegin das fehlende Bad diskutiert. Die hat, gewitzt wie Verkäuferinnen sind, eine Idee, weil sie einsieht, daß das Klo zwar romantisch ist, das Waschen in der Küche aber ein Problem werden kann. Denn, gibt sie zu, wenn die Wirtin ihre Morgenwäsche hinter sich hat und so fix geht das nicht mehr, dann muß das Frühstück aufgedeckt werden und wenn sich die jungen Leute dann noch waschen wollen?

Die Kollegin hatte dann die Idee mit dem alten Waschtisch und der Porzellankanne, auf die der Enkel so scharf war. Die dann doch irgendwie im Schuppen stehen blieb. Die Verkäuferin hat was mit dem neuen Filialleiter, vielleicht ist sie deshalb noch nicht abgespeckt. Und der, sagt sie, ist nicht ungeschickt und kann Dir den Waschtisch herrichten. Das ist Nostalgie, das wollen die.

Nostalgie, Romantik, Tourismus. Sie spürt, daß nun, nach fünf Jahren, in denen ihr nicht viel geschehen ist, etwas neues, aufregendes auch auf sie zukommt.

Die Söhne fragen? Lieber nicht, sagt die Kollegin, Du weißt, sie werden dagegen sein. Daß Du das nicht schaffst.

Aber schließlich, was hast Du schon zu tun? Einkochen ist nur im Herbst, sauber hast Du's in einer Stunde, Anstehen ist nicht mehr und überhaupt, im Winter kommt der Tourismus nicht und dann kannst Du Dich erholen, bis Weihnachten – welcher ist denn dran ? – Dein jüngster Sohn kommt. Das Geld kannst Du gebrauchen, und ehrlich, kaufst Dir einen neuen Wintermantel, was meinst Du, was die jetzt kosten.

Sie putzt schon mal das Zimmer ganz gründlich. Das geht ins Kreuz und braucht seine Zeit. Fegt unter den beiden hohen Betten, schüttelt die Federplumeaus auf, plättet die Deckchen, wäscht die Gardinen. Nur aufhängen muß sie die Kollegin.

Ein gemütliches Zimmer und der Waschtisch ist hergerichtet. Hilfsbereit der Filialleiter, spricht ein bißchen laut. „Oma Markmann", hat er gesagt, „na, ein bißchen was dazu verdienen in der freien Marktwirtschaft?" Aber der Waschtisch ist wirklich schön geworden.

Den Söhnen schreibt sie, ich hab' Euer Kinderzimmer, wo Ihr immer wohnt, ein bißchen hergerichtet, ich schlafe ja jetzt doch immer im Wohnzimmer, wie früher mit Vater, da habe ich weniger Arbeit, nur Küche und Wohnzimmer, es wird Euch gefallen, wenn Ihr das nächste Mal kommt.

Sie sitzt am Fenster und wartet auf den Tourismus.

Die Kollegin hat gesagt, wenn Du diesen Sommer noch was davon haben willst, ich mach' das für Dich, ist in die Kreisstadt gefahren, damit Ihr Häuschen in das Privatzimmerverzeichnis kommt. Aber Du mußt das mit dem Klo sagen. Sicher, keine Bange, alles ehrlich. Gerade, Elfie, gerade, das ist es doch. 65 Mark mit Frühstück, erstmal. Hat der Filialleiter gesagt. Man muß sehen, wie es läuft.

Wie sie so sitzt am Fenster, aus Gewohnheit auf die Schlaglochstelle sieht, spürt sie ihr Kreuz, ihre Schultern, ihr Herz und ist sehr müde. Obwohl sie sich viel Zeit gelassen hat mit dem Putzen.

Aber dann fand sie plötzlich, sie müsse noch den Weg von der Gartenpforte zur Haustür fegen, ein gutes Stück Seife auf den Waschtisch legen, doch die besseren Handtücher herausnehmen.

Mach' nicht zu viel, hat die Kollegin gesagt. Nur so, daß Du Spaß hast und wenn's Dir zuviel wird, mach' Pause. Hat ja keine Eile. Du kannst auch noch nächstes Frühjahr anfangen.

Dann bin ich schon 81, hat sie gedacht. Ich hab's jetzt doch ein bißchen eilig. Mit dem Erleben von Epochenbruch und Tourismus.

Es wird dunkel, die Schlaglochstelle ist nicht mehr erkennbar. Heute wird es wohl nichts mehr mit dem Tourismus. Sie geht ins Bett und ist ganz froh.

Drei Tage wartet sie am Fenster, sieht zwischendurch nach dem Zimmer, zupft hier und da. Stellt noch einmal frische Blumen hinein. Mancher mag keine Blumen im Schlafzimmer, das muß sie fragen.

Am vierten Tag, morgens um elf, klingelt der Tourismus.

Sie hat das Auto zweimal vorbeifahren sehen und ihr Herz schlug lauter. Beim dritten Mal hält das Auto vor ihrer Tür. Ein junger Mann und eine junge Frau steigen aus, betrachten ihr Häuschen, sprechen miteinander, kommen über den gefegten Weg. Klingeln.

„Herzlich willkommen und guten Tag", sagt sie und lächelt in die jungen Gesichter über ihr.

„Guten Tag", sagt die junge Frau, „sind Sie Frau Markmann mit dem Zimmer mit Außenklo?"

Sie schluckt. Ja, das ist sie nun, die Frau mit dem Außenklo.

Sie nickt und sagt: „Möchten Sie mal gucken?"

Die junge Frau nickt auch und die beiden gehen durch die kleine sonnige Diele ins stille, saubere Wohnzimmmer. Sie drängelt sich höflich vorbei und öffnet das gute Zimmer.

Der Flox in der blauen Vase leuchtet rosa, die Plumeaus sind getürmt, der Waschtisch glänzt matt, es riecht ein bißchen nach Salmiak, nach Phlox und Seife. Das ist ihr vorher gar nicht aufgefallen. Die beiden jungen Leute sehen sich an, riechen vielleicht nichts.

„Na ja", sagt die junge Frau, „für zwei Nächte geht's, 50 Mark war doch richtig?"

Sie schaut in die fremden Augen. Fünfzig Jahre Verkäuferin.

„Da hat man Ihnen etwas Falsches gesagt", sagt sie fest, „das Zimmer kostet 65 Mark, aber mit Frühstück. Und ich habe selbstgekochte Marmelade."

Der junge Mann zuckt die Schultern und sagt: „Wie meine Oma, war immer zu süß."

Sie wartet und streicht mit der Hand über das weiße, kühle Federbett.

„Na gut", sagt die junge Frau, „eine Nacht machen wir."

Die Beiden sehen auf sie herunter.

„Meine Marmelade ist nicht so süß", sagt sie und rückt die Vase etwas nach links.

„Na gut", sagt die junge Frau, „nun mal voran. Also 65 Mark mit Frühstück und eine Nacht und jetzt packen wir erstmal aus und ich muß aufs Klo."

Die Beiden gehen hinaus zum Auto, kommen mit einer großen Reisetasche wieder, werfen sie auf das aufgetürmte Federbett.

„Wo ist dieses Außenklo?" fragt die junge Frau.

Elfie Markmann geht voraus in die Küche, voran in den Garten, links zum Schuppen und zeigt auf die Tür.

„Mensch, ist echt wie im Film", sagt die junge Frau, öffnet mit der einen Hand den Reißverschluß ihrer Jeans, mit der anderen die Holztür und sagt beim Türeschließen: „Schade, daß es kein Plumsklo ist, das wäre total noch schärfer."

Sie sitzt am Fenster.

Die jungen Leute sind weg. Sie hat die Tasche vom Bett genommen, obwohl sie nicht weiß, ob man das darf. Es sah so unordentlich aus. Das Federbett ist an der Stelle ein bißchen schmuddelig geworden. Sie sieht den Autos zu, die über ihr Schlagloch rasen.

Als es dunkel ist, knipst sie das Außenlicht an. Um elf kann sie die Augen nicht mehr offenhalten, ihre Füße sind eingeschlafen, ihr Rücken ist vom langen Sitzen wie durchgebrochen.

Sie schreibt einen Zettel und achtet darauf, daß keine Sütterlinbuchstaben hineinrutschen: „Bitte knipsen Sie das Außenlicht aus, wenn Sie heimkommen. Ich wünsche eine gute Nachtruhe."

Den zweiten Außenschlüssel, den sonst die Kollegin aufbewahrt, hat sie mitgegeben, daran hat sie noch gedacht.

Um fünf wird sie wach, müde und verwirrt. Sie horcht und hört nichts, obwohl sie gut hört. Mühsam schwenkt sie die Beine über den Bettrand, schiebt die Füße in die Pantoffeln, greift nach dem Morgenrock. Sie hört ein Auto anspringen.

Elfie Markmann geht langsam in ihre Diele.

Das Außenlicht ist ausgeknipst. Sie freut sich, sieht aus dem Fenster. Das Auto ist weg. Sie geht vorsichtig durch das Wohnzimmer in das Tourismuszimmer. Die Tasche ist weg, die Betten sind zerwühlt.

Sie macht Licht, jetzt überall. Die Glastüren der Anrichte sind offen, das gute Geschirr ist weg.

Sie erzählt es der Kollegin nicht. Sagt, die haben sogar das Außenlicht wieder ausgeknipst. War nur für eine Nacht.

Nein, die Marmelade war ihnen zu süß. Ich versuch's dann nächstes Frühjahr noch mal. Es war doch ein bißchen viel jetzt.

Ich hab's nicht mehr eilig.

Kurt Küther
Die 100.000-Mark-Geschichte

Eine Geschichte für 100.000 Mark? Bißchen viel für eine Geschichte. Nein, nicht für 100.000 Mark. Eine Geschichte um 100.000 Mark. Und die geht so: Da gibt es in Sachsen einen Minister, der will den deutschen Kumpels die Arbeitsplätze abkaufen. 100.000 Mark pro Arbeitsplatz hatte er angeschlagen. Bei 100.000 Kumpels macht dies 10 Milliarden Mark. Das Problem Steinkohle in Deutschland hätte sich so ein für allemal, für ihn, erledigt.

100.000 Mark, dachte ich, das ist ne Menge Geld, dem Minister kommst du zuvor. Ich stellte mich auf den Marktplatz, ein Schild hinter mir, auf das ich geschrieben hatte: *ARBEITSPLATZ ZU VERKAUFEN!*

Ein junges Pärchen blieb stehen und sprach mich an. „Das wäre was für uns, wir sind nämlich beide arbeitslos. Was kostet denn so ein Arbeitsplatz?“ „100.000 Mark“ antwortete ich.

„100.000 Mark?“ echoten die beiden, „das ist viel Geld“. Was ist es denn für ein Arbeitsplatz?“ Ich erklärte ihnen, daß es ein außergewöhnlicher Arbeitsplatz sei, 600 bis 800 Meter unter der Erdoberfläche, nicht sehr attraktiv, mir aber lieb und teuer geworden ist, weil er mich und meine Familie bisher ernährte. Und eigentlich müßte ich sogar 250.000 Mark für ihn verlangen, denn an meinem Arbeitsplatz hängen noch eineinhalb weitere Arbeitsplätze, von Menschen, die zwar nicht unter der Erde, mir aber zuarbeiten.

„100.000 Mark, 250.000 Mark“ schüttelten die beiden die Köpfe. „Wo sollen wir soviel Geld hernehmen, wo wir doch beide arbeitslos sind. Nein das ist nichts für uns. Und im übrigen, wenn sie ihren Arbeitsplatz verkaufen, haben sie doch selber keinen mehr.“ So ließen sie mich stehen und gingen weiter.

Ich überlegte: Die beiden haben Recht. Warum soll ich meinen Arbeitsplatz verkaufen, der zwar nicht sehr attraktiv, mir aber lieb und teuer geworden ist, an dem eineinhalb weitere Arbeitsplätze hängen und der mich und meine Familie ernährt.

Ich rollte mein Schild zusammen.

Alfons Huckebrink
Diogenes in der Fußgängerzone

Sitzt bei McSunshine und füllt
Magenbitter an seine Cola
Lehnt sich am Strommast und taucht
weite Teile der Stadt ins Dunkel
Wohnt in der Warmluft und haucht
sein Kredo über die Konvertiten
Badet im Neon und hüllt
blaues Plastik um seinen Nachtmohn.

Gunter Preuß
Pulkbullen

Es war wieder einmal Montagmorgen, und ich wünschte mir, nie aufgewacht zu sein, weil da wieder so eine Woche anfängt, die man zäh kauen, schlucken, aufstoßen und wieder schlucken muß wie das liebe Rindvieh das grüne Gras. Es war so ungefähr mein neunhundertsechsunddreißigster Montag. Für die, die nicht wissen, daß ein Jahr meistens zweiundfünfzig solcher gemeiner Tage hat, sage ich, daß ich haargenau an diesem Montag achtzehn Jahre auf dem Buckel hatte. Mir fiel auch gleich wieder mein Lebenslauf ein, in dem ich das Abi geschmissen und nun endlich Arbeit in Meister Firats Schwachstromtruppe gefunden hatte. Und richtig, mein Spannemann hieß Kauer, eine gelungene Kopie des proletarischen Spießers, und der hatte mir doch den Namen Muzelkopp verpaßt, obwohl ich ihn mehrmals darauf hinwies, daß ich im Rathaus als Bruno Jäger eingetragen bin und ich mich Weiße Wolke nenne. Doch er klopfte mir nur beruhigend auf die Schulter und sagte, daß wir schon alles hinkriegen würden.

Ich stellte mich vor den Spiegel und dachte: Schöner bist du auch nicht geworden. Ich habe, seit ich denken kann, so ein ausgesprochenes Montagsgesicht. Man muß sich einen Kopf vorstellen, irgendeinen Kopf, fast kahl, nur etwas Flaumhaar bedeckt die Schädelmitte, als hätte dort ein Vogel begonnen, sein Nest zu bauen, was er bald aus Materialmangel wieder aufgegeben hat. Nun, ich lasse es über der Oberlippe und ums Kinn herum sprießen. Was da gedeiht, ist nicht zum Hinschmeißen, aber es sind wenigstens Haare, wenn sie auch ein paar Farbblinde rot nennen. Das edelste der zu meinem Kopf gehörenden Teile ist meine Römernase, an der es rein gar nichts auszusetzen gibt, vielleicht nur, daß sie eben nicht in mein Gesicht paßt. Von meinen Augen haben alle Pauker behauptet, daß sie unverschämt und anmaßend blicken würden. Mein Mund wäre sinnlich, so jedenfalls hat es mal eine Lady gesagt, die ganz genau wußte, wie die Bienen die Pollen bestäuben.

Als ich meinen Kopf unter die Wasserleitung hielt, stieg sogleich auch der gestrige Tag aus meinem Unterbewußtsein. Tante Resi war wieder einmal bei Mutter Olga und mir zu Haussuchung und Kreuzverhör erschienen. Ich halte nichts von dürren Frauen, die fassen sich an wie ein Sack Hirschgeweihe. Aber fette Weiber sind wie aufgegangener Hefeteig, in dem der Finger steckenbleibt. Als Tante Resi Olga am Boden und auch mich fast überwältigt hatte mit ihren treudeutschen Sprüchen zur Ordnung, Disziplin und Pünktlichkeit, verließ sie das Haus. Als sie die Straße hinunter watschelte, nahm ich meine Luftbüchse zur Hand, schob einen Kupfernagel in den Lauf, brachte Kimme und Korn auf ihrem linken Schinken in Übereinstimmung und drückte ab. Sie schrie, als müßte sie von dem Nagel in ihrem Fett verenden, und ich lauschte Pachelbels Fantasia super „Meine Seele, laß es gehen". Nach ihrer Anzeige verbrachte ich eine unterhaltsame Nacht auf dem Polizeirevier, bis ich dann endlich eine Stunde ins Nirwana abtauchen konnte, bevor meine drei Wecker klingelten ...

Die Schwachstromer trafen sich vor Arbeitsbeginn auf dem Klinikgelände in der Pathologie. Der Raum lag neben dem Leichenkeller, und es roch berauschend nach Formalin, dieser Brühe, in der sie die Innereien verstorbener Homo sapiens aufbewahren.

Der Buschfunk hatte wie immer prächtig funktioniert, und Firat empfing mich auch gleich mit einem Spruch zu meinem Meisterschuß: „Hab ich es euch nicht gesagt, daß wir durch den Kerl verfluchten Ärger kriegen werden! Jetzt kriegen wir wegen dem Kerl noch mit der Polizei zu tun! Ich soll eine Beurteilung von dir abgeben, he! Na, die werden sich wundern!"

Jeder wollte wissen, wen ich denn gezwungen hätte, aus dem Leben zu treten, oder in welche Bank ich eingestiegen sei. Ich erzählte den ganzen Scheiß. Die meisten grinsten, weil ich das getan hatte, was sie ihr Leben lang schon hatten tun wollen mit irgend jemand.

Firat meinte, daß ich seine im Sozialistischen Wettkampf erprobte und sich nun im Frontkampf des freien Marktes bewährende Truppe in Schwierigkeiten bringen würde. Bisher sei alles glatt gelaufen. Unter seiner bewährten Führung sei keiner von ihnen auf dem Arbeitsamt gelandet. Er verlangte, daß ich bereue, mich bei meiner Blutsverwandtschaft entschuldigen und endlich

Vernunft annehmen solle. Er und seine Männer wollten sich nicht für mich schämen müssen.

Wieder rempelte er mich an, daß eine Kombizange aus seiner Werkzeugtasche auf meine Zehen fiel. Er versuchte sich als Hypnotiseur, um mich vor ihm auf die Knie zu zwingen. Olgas Milchkaffee gärte in meinem Bauch. Ich rülpste nur einmal mit halber Kraft, aber da schwoll Firat schon der Kamm.

Er schrie: „Wir lassen uns doch nicht von dir, he, von dir Vogel lassen wir uns doch nicht unsern Arbeitsplatz in Gefahr bringen, sag ich, he!"

Jetzt nickten alle. Nur der uralte Jakob Baum, der nebenan die Leichen verschönerte und morgens immer bei uns saß, grinste. Er sagte: „Nun rede dich mal nicht um deine Lunge, Albert. Grüne Früchte kann man nun mal nicht abreißen und ans Feuer stellen, damit sie schneller reifen. Wenn du das machst und ißt dann davon, bekommst du eben Bauchschmerzen. Man muß ihnen schon die Zeit lassen, die sie brauchen. Und der eine Apfel ist eben schneller reif als der andere. Aber das will noch lange nicht heißen, daß der Apfel, der am ehesten reif war, auch am besten schmeckt oder am haltbarsten ist."

Mir gefiel Jakob Baums Vortrag über Obstkunde. Alles, was er bisher hier losgelassen hatte, war nicht zu verachten.

Firat brauchte tausend Stunden, um zu verarbeiten, was Jakob Baum gesagt hatte. Er sagte kein Wort mehr. Die anderen hatten bei Jakob Baums Worten mit Nicken aufgehört. Sie sahen aus wie kleine Jungen, die sich schämten.

Bevor wir unsern Abgang machten, trat ich an Jakob Baum heran und flüsterte: „Du bist doch mal zur See gefahren. Auf alle Fälle mußt du mal zur See gefahren sein."

„Da bist du im Irrtum, Muzelkopp", flüsterte der Alte zurück. „Ich habe meine Schiffchen immer nur in der Badewanne schwimmen lassen. Die See kenne ich nur von Reklamefotos der Reisebüros. Wie kommst du darauf?"

Ich sagte: „Ich hätte meine Unterhose gewettet, daß du zur See gefahren bist. Auf alle Fälle hättest du einen großartigen Seemann abgegeben."

Die Technikfreaks schulterten ihre Werkzeugtaschen. Jakob Baum sagte, bevor er sich zu seinen Leichen verdrückte: „Wenn's dich ankommt, Muzelkopp, laß dich mal beim alten Baum sehen. Ich würde mich freuen, wenn du mal Guten Tag sagst."

Ich sagte weder ja noch nein. Ich habe was gegen verdammte Besuche, Geburtstags-, Hochzeits-, und Begräbnisfeiern, wo einer den anderen unter die Lupe nimmt und mit dem Seziermesser bearbeitet, bis er auch den letzten Scheiß erfahren hat und er dann loslegen kann mit seiner Tochter Emma, die studieren wird und auf alle Fälle schon mit einem Hochschulabsolventen verlobt ist, und wieviel Liter Benzin der neue Opel auf hundert Kilometer vergast und daß Klein-Egon einen Zahn hinzugekriegt hat und schon Bla-Bla säuseln kann und so weiter, bis alle ganz grün sind und Pillen schlucken und künstlich beatmet werden müssen.

Natürlich gehörte Jakob Baum nicht zu diesen Komikern. Aber vielleicht ginge er mir auf den Nerv und würde mir erzählen, wie verdammt schwer sie es früher gehabt hätten, als die Mark keinen Pfennig wert war, und daß sie nur ein löchriges Hemd auf ihrem zweiten Gesicht hatten. Dabei wird mir genauso übel wie auf einer sogenannten Geburtstagsfeier.

Den ganzen Vormittag kämpfte ich mit meinem Spannemann gegen die Tücken des Schwachstroms. Wir arbeiteten in den Büro- und Laborgefängnissen. Draußen ballerte die Sonne die Erde schwanger. Meister Firat war zu einem seiner hundert Chefs gerufen worden. Endlich war es Mittag. Kauer warf seine Eigenbau an. Wir knatterten durch die Stadt, breiteten uns auf den Großen Wiesen aus, ein Stück grüner Teppich zwischen dem holprigen Steinfußboden der Stadt. Hier konnte man wenigstens ein paar Meter Himmel erkennen. Uns gegenüber war das Zooschaufenster, ein Freigehege, aus dem die Lamas zielsicher auf die Passanten spuckten.

Kauer legte sich tatsächlich einen Putzlappen unter seine Schimpansenbacken, roch an seinem Käsebrot und sagte: „Meine Frau. Sie ist gelernte Kindergärtnerin. Aber da braucht sie keiner mehr. Sie arbeitet mal hier. Und mal dort. Ein paar Stunden. Verdient also zwei, drei Märker dazu. Wir kommen aus. Es geht doch. Jetzt will sie studieren. Hörst du, was ist sage, Muzelkopp?"

„Ich höre, Kauer. Saftele nur ruhig weiter."

„Was denn studieren? frag ich also", nervte Kauer weiter. „Ist doch egal, sagt sie. Was ist denn los, Margit? frag ich. Das Leben geht doch glatt an mir vorbei, sagt sie. Aber warum denn das? Frag ich. Ich muß was Neues anfangen, sagt sie. Ich gehe sonst noch auf den Strich, das sagt sie."

Ich kann zuhören, wenn ich will. Kauer braucht das jetzt, also sollte er es haben.

„Und was wird aus den Kindern? frag ich. Aus der Wohnung? Dem Garten? Der Laube?"

„Du hast Kinder?"

„Drei. Zwei Jungen. Und ein Mädchen. Und die sind vielleicht in einem Alter. Du kannst sie nicht einen Moment aus den Augen lassen. Sonst klingelt sich die Nachbarschaft dußlig. Es hagelt Beschwerden."

„Laß sie doch klingeln. Oder besser: Stell die Klingel ab."

Ich weiß auch nicht, aber es gefiel mir, daß Kauer drei Kinder zustande gebracht hatte. Er hatte mich irgendwie getroffen. Ich versuchte, ihn durch eine andere Brille zu sehen. Ich dachte, er füttert seine Madam mit der Pille, daß nur kein Nachwuchs entsteht, der großgezogen werden muß und verdammtes Geld kostet.

„Studieren", sagte Kauer, er kam nicht drüber weg. „Mit dreißig Jahren. Bei einer Lebenserwartung von zirka siebzig Jahren. Philosophie. Ja. Jetzt fällt es mir wieder ein. Sie hat es dann noch gesagt. Philosophie will sie studieren."

„Philosophie?"

„Ja. Ich glaube. Ja. Sie will es eben wissen. Sagt sie."

„Was will sie denn wissen?"

„Was weiß ich denn. Wie der Hase eben so läuft. Wo er so lang geht. Sagt sie, und warum er nie zu ihr kommt."

„Das werden sie ihr nicht verraten", sagte ich. „Wenn sie ihr eingetrichtert haben, was sie wissen darf, wird sie in ein Kostüm mit Schlips und Kragen verpackt und sie werden ihr ein Intelligenzköfferchen und so ein verdammtes Handy zwischen die manikürten Krallen drücken, daß sie Tag und Nacht für ihren Chef zu gebrauchen ist."

„Und überhaupt," fuhr Kauer fort, völlig unbeeindruckt von meinen Lebensweisheiten, die ich ihm schließlich kostenlos anbot. „In erster Linie ist eine Frau doch für die Familie da. Für ihren Mann. Für die Kinder. Alles andere ist gegen die Natur."

„Da liegst du aber verkehrt“, sagte ich. „Es gibt Vögel, da werden die Männchen von den Weibchen umworben, und die Männchen bauen das Nest, brüten die Eier aus und ziehen die Kinder groß. Und die Madam schafft das Futter ran.“

„Was du nicht sagst“, sagte Kauer, und er staunte echt. „Gibt es so was wirklich?“

„Bei den Seepferdchen werden die Männchen trächtig“, sagte ich. „Die Graugänse feiern Verlobung und haben eine lebenslängliche Ehe, und Ratten und Mäuse leben in Großfamilien zusammen. Die Pinguine haben Kinderkrippen, die von ein paar Altvögeln bewacht werden. Die Menschen denken immer, daß sie allen Scheiß erfunden haben.“

„Na so was, Muzelkopp. Wo gibt's denn so was?“

„Bambi“, verkündete ich weithin meine Weisheiten, „du weißt schon, dieser als Ideal der Sanftmut geltende Rehbock, den sie in Miniaturgröße vergoldet haben und irgendwelchen Showgrößen unterjubeln, also dieses Viech ist eines der blutdürstigsten Mörder.“

„Hör doch auf, Muzelkopp. Das doch nicht.“

„Durch Bambi“, sagte ich unbeirrt, „kommen in den Zoos mehr Unglücksfälle vor als durch Löwen und Tiger. Das liebe Tier kommt ganz langsam an den Zaun heran. Es beugt den süßen Kopf mit seinen niedlichen Stangen, und du denkst, es will dir aus der Hand fressen. Ehe du dich versiehst stößt Bambi zu, und du hast ein verdammtes Glück, wenn du nur ein Loch in der weißen Weste hast.“

„Ach, Muzelkopp. Hör doch auf.“

„Die Taube, Kauer, unsere Friedenstaube, die ist überhaupt die Allergrößte. Da wollte doch so ein Verhaltensforscher eine Lachtaube und eine Turteltaube, man beachte die Namen, miteinander paaren.“

„Ja, und?“

„Ich habe mir das gemerkt, was er darüber geschrieben hat, Wort für Wort, und ich kann's nicht vergessen. *Als ich am nächsten Tag heimkam, bot sich mir ein grauenvoller Anblick. Der Turteltauber in einer Käfigecke auf dem Boden. Hinterkopf, Oberseite des Halses und der ganze Rücken bis an die Schwanzwurzel waren nicht nur völlig kahl, sondern so ge-*

schunden, daß sie eine einzige Wundfläche bildeten. Auf der Mitte dieser Fläche, wie ein Adler auf seiner Beute, stand das zweite Friedenstäubchen. Mit dem versonnenen Gesichtsausdruck, der dem vermenschlichenden Beobachter diese Vögel so sympathisch erscheinen läßt, pickte das Vieh pausenlos in den Wunden des buchstäblich 'Unterlegenen' herum. Raffte sich der auf, um mit letzter Kraft zu entkommen, war es sofort wieder hinter ihm her, klapste ihn mit den weichen Flügelchen zu Boden und setzte sein erbarmungsloses, langsames Tötungswerk fort, obwohl es selbst davon schon so müde war, daß ihm immer wieder die Augen zufallen wollten."

Kauer war einige Zeit ohne Worte, ich übrigens auch, bis ich dann sagte: „Elefanten haben Arbeitsteilung und eine Hierarchie. Die Ranghöchsten äsen an den ergiebigsten Stellen. Der Leitbulle muß ruhig, gesellig, furchtlos und aggressiv sein. Dann gibt es noch Stabilisierungsbullen, die für einen geordneten Rückzug zu sorgen haben, die sind ruhig, furchtlos, friedlich, wer's glaubt. Und dann sind da noch die verdammten Pulkbullen, das sind die meisten, das sind die, die sich in jedem Scheiß nach dem Leitbullen richten und niemals allein auf Tournee gehen."

Kauer kriegte vor Staunen seinen Mund nicht wieder zu. Er war sogar mit dem Hinterteil von dem Putzlappen aufs Gras gerutscht.

„Du und ich", sagte ich, „wir beide, wir wären bei den Elefanten Pulkbullen. Gottverdammte Pulkbullen sind wir."

Kauers Schrumpfkopf kriegte einen bläulichen Schimmer. Er war mit seinen Gedanken bestimmt noch bei jenen Vögeln, wo die Männchen von den Weibchen umworben werden. Er hielt seine Zunge im Zaum und knabberte mit seinen Stiftzähnen an seinen Fingernägeln. Schließlich war die Mittagspause vorüber. Wir mußten uns wieder mit Telefonen, elektrischen Uhren und Gleichrichtern beschäftigen und Firats Kontrollanrufen lauschen.

Nächsten Mittag legten wir uns wieder auf die Wiese. Wir waren beide Schweiger vor dem Herrn, bis Kauer sagte: „Du, Muzelkopp. Um noch mal auf die Pulkbullen zurückzukommen – ich habe das meiner Frau erzählt."

„Ja, und?"

„Die sagt, du bist ein Spinner. Ich soll nicht auf so einen Firlefanz reinfallen. Sie hätte jetzt ganz andere Sorgen. Sie liest jetzt Goethe. Warte mal. Wie war das noch?“

„Ich war nicht dabei.“

„Warte mal, Muzelkopp. Edel – edel sei der Mensch ...“

„Hülfreich und gut“, sabbelte ich weiter. „Denn das allein unterscheidet ihn von allen Wesen, die wir kennen.“

„Ja. Richtig, Muzelkopp. Genau in der Art.“

„Mann, Kauer,“ sagte ich, „mit so was kannst du heute nur noch im Kabarett auftreten. Der menschliche Mensch. Die gerechte Gesellschaft womöglich. Utopia. Reich Gottes auf Erden. Paradies. Kommunismus. Und wie sich die Traumbilder auch alle nennen, wo der Starke dem Schwachen auf die Beine hilft und ihm nicht noch einen Tritt versetzt, wenn der schon nicht mehr hoch kann. Wo jeder nicht immer nur ICH schreit und DU und WIR sagen lernt. Wo das Leben eine Sinn hat und du nicht an irgendeinen Gott glauben und auf das Himmelreich warten mußt. Wo du auf dich selbst und auf all die anderen vertrauen kannst und auf der Erde willkommen bist und in jeder Ecke der Welt ein Zuhause findest. Und wo der Wert des Lebens nicht mehr mit verdammtem Geld aufgerechnet wird. Eine Lachnummer, Kauer, obwohl es zum Heulen ist.“

Kauer schien eine Kaffeefahrt ins Blaue angetreten zu haben. Auch ich machte mir so meine Gedanken, das heißt, daß mein Kopf ziemlich leer war.

Ich war endlich etwas weggetreten, als Kauer sich aufgeregt zurückmeldete: „Muzelkopp. Meinst – meinst du wirklich? Daß ich ein – ein Pulkbulle bin?“

„Ein gottverdammter Pulkbulle, ja.“

„Also du haust da manchmal Sachen raus, Muzelkopp. Ich hätte nie gedacht, daß ich ein Pulkbulle bin.“

„Du bist ein Pulkbulle. Und Firat ist dein Leitbulle. Du krümmst dich und küßt den Staub, wenn der Typ eine Zange in den Dreck fallen läßt. Und du rennst auch mit deinem Schädel an die Wand oder polierst Klingelknöpfe, wenn der seinen Spruch losläßt, daß du es tun sollst.“

„Er ist unser Meister,“ sagte Kauer. Sein Kopf verschwand fast unterm Hemdkragen. „Warum soll ich Firlefanz machen. Wenn bei ihm der Laden läuft. Ich bin nicht so einer wie du. Der immer Firlefanz machen muß."

„Ich weiß," sagte ich. „Du willst deine Ruhe haben. Du frißt jeden Tag dein stinkiges Käsebrot und schluckst deine tausend Pillen, du läßt den Schwachstrom einwandfrei fließen, freitags ist Bums-, Großreinemach- und Badetag, und wenn es Geld gegeben hat, werden die bunten Scheine auf die Bank geschafft, wenn was übrigbleibt."

„Was du nicht alles sagst, Muzelkopp."

„Und so geht alles seinen Gang bis zur Rente. Bis dahin hast du dann soviel Sprüche auf Lager, daß dir überhaupt nichts mehr passieren kann und du jeden sofort aufs Kreuz legst mit deiner Lebenserfahrung, obwohl du schon mit dreizehn, vierzehn Jahren totgegangen bist."

„Hör doch auf, Muzelkopp. Nun hör aber auf."

„Du bist tot, Kauer. Sieh mal in den Spiegel und klapp deine Pupillen auf! Dann wirst du sehen, wie tot du bist."

„Tot?" fragte Kauer. Er fingerte in seinen Taschen herum, bis er den Spiegel zu fassen kriegte, in dem er sich begutachtete, wenn er das Heu auf seinem Schädel harkte oder an irgendeinem Pickel herumdrückte.

„Ich – also sag mal. Ich – ich kann das nicht finden. Daß ich tot bin. Ein bißchen blaß. Vielleicht, aber tot – du bist mir schon ein Spaßmacher, Muzelkopp! Also wer dich nicht kennt ..."

Er quäkte glücklich wie ein Baby, das, von den vollen Windeln befreit, nun wieder frisch gepudert auf seinem Nuckel kauen und mit der Rumbakugel ein Familienkonzert geben kann. Aber irgendwie mußte er doch mächtig erschrocken sein. Von nun an hielt er sich fast jeden Tag ein paarmal den Taschenspiegel vor den Kopf. Er bleckte seine Zähne und riß seine Fischaugen auf. Zu gern wollte er rauskriegen, ob er etwa doch schon gestorben war.

In den nächsten Tagen trat Kauer kein bißchen aus seinem Schatten herum. Er war absolut taub auf beiden Ohren und konsequent stumm. Es stank darum nicht weniger nach Fisch. Die Tage gingen in Rente, noch bevor sie so richtig geboren wurden.

Firat befummelte morgens seinen Pimmel, weil der in vierzig Jahren Sozialismus in die Linkslage verkrümmt war und sich nun weder in die liberale noch trotz seines heftigen Bemühens in die extreme Rechte legen lassen wollte. Der Typ sah mich an, als wollte er mich auf Taschenformat zusammenschrumpfen.

Nach Feierabend in meinem Wigwam warf ich *Meine Seele, laß es gehen* an; aber es war längst nicht mehr die große Nummer. Ich langte meine Gitarre von der Wand und bewegte mich zur Geisterstunde in die Innenstadt. Auf dem Marktplatz baute ich mich auf und sang ein altes Indianerlied: „Fußspuren werde ich hinterlassen, wenn ich den reifen Mais ernte ..."

Doch kein Fenster ging auf, keine Tür öffnete sich, keine Stimme sagte: „Komm rein. Es wird kalt."

Es blieb still wie in einem bösen Traum. Ich befand mich in einer Geisterstadt, längst untergegangen, lichtjahreweit unter dem Wasser.

Ich irrte weiter durch die Straßen. Am Himmel feixte der vergilbte Mond. Die Sterne waren wie blasse Sommersprossen auf einem zugemauerten Gesicht. Ich suchte irgendeinen Punkt, ein offenes Auge, das ich anvisieren konnte. Irgend etwas schlurfte im Dunkel hinter mir. Ignoriere es, sagte ich mir. Vielleicht ist das dein eigenes Gespenst, du hast mit dir selbst schon genug auf dem Hals.

Schließlich blieb ich doch stehen und rief. „Wer da?"

Ich wußte nicht wie mir sein sollte, als da aus dem Nichts dieser Kauer auftauchte und quäkte: „Warte doch mal, Muzelkopp. Ich habe mir da was überlegt. Das mit dem Pulkbullen. Das sollten wir nicht so auf uns sitzen lassen."

„Mensch, Kauer," sagte ich. „Wir sollten jetzt in irgend so einer Reha-Klinik ein paar Liter Lebenswasser zu uns nehmen."

„In Ordnung, Muzelkopp," sagte Kauer. „Wenn ich nur wüßte, wie ich dir beweisen könnte, daß ich nicht tot bin?"

Michaela Seul
Das Kaffeeservice

Haben Sie es schon gehört, fragte meine Nachbarin, die ich normalerweise nur sehe, wenn sie mit wutrotem Kopf mit beiden Fäusten an meine Türe getrommelt hat. Weil die Musik zu laut ist. Weil ich meinen Duschvorleger ausgeschüttelt habe. Weil ich meine Haustür zugeschlagen habe. Weil fast nur noch Türken in dem Haus wohnen. Ich wußte gar nicht, daß meine Nachbarin auch so etwas wie eine als normal zu bezeichnende Gesichtsfarbe haben kann.

Was soll ich schon gehört haben, fragte ich.

Frau Berger kommt ins Altenheim. Morgen.

Ja, sagte ich und wußte nicht, was ich noch sagen sollte.

Mit in die Seiten gestemmten Händen blieb sie vor meiner Tür stehen und brachte meinen Fußabtreter in Schräglage.

Ob sie von mir erwartete, daß ich das verhindere, fragte ich.

Ich wollte es Ihnen nur gesagt haben, sagte sie, drehte sich um und verschwand in ihrer Wohnung. Ihr Türknallen verursachte eine Druckwelle, die noch drei Stockwerke tiefer Putz von der Decke bröckeln ließ.

Während ich einen Pizzakarton aufriß und den Ofen andrehte, dachte ich an Frau Berger. Sie gehörte zu den wenigen Mietern, die seit vielen Jahren in diesem Haus wohnten. Das besondere an Frau Berger war ihre Größe. Sie wohnte im ersten Stock und war so klein, daß sie im Fahrstuhl den Knopf für die erste Etage selbst auf Zehenspitzen nicht erreichte. Früher war Frau Berger mit Herrn Berger verheiratet, der war genauso klein wie sie. Sie gaben ein hübsches Zwergenpärchen ab. Beide hatten immer gute Laune und rote Backen und lobten ihren Schrebergarten, in dem sie allerhand Gemüse ernteten, das sie heimbrachten in den großen dunkelblauen und schwarzen Taschen, die bevorzugt von Rentnern getragen werden. Das Zwergenpärchen wohnte mit seinem Sohn in einer Dreizimmerwohnung. Herr Berger war zirka zwei

Köpfe größer als seine Eltern, also ziemlich klein. Und als der alte Herr Berger starb, kümmerte sich der junge Herr Berger, der schon immer wie ein alter Herr Berger ausgesehen hatte, nur eben größer, liebevoll um seine Mutter. Bis. Ja, bis. Das war wirklich tragisch. Denn der junge Herr Berger war im letzten Jahr von einem Bagger überfahren worden.

Ich habe nie viel mit der schwerhörigen Frau Berger gesprochen und wunderte mich oft, wie sie mich erkannte. Obwohl sie fast blind war, grüßte sie mich stets mit Namen. Kurz nach dem Tod ihres Sohnes traf ich sie einmal bei den Briefkästen. Ich sagte einen Beileidssatz, und sie seufzte so tief, daß es mir vorkam, als hätte dieser Seufzer ein Fenster in sie hineingeschnitten, durch das ich ihren grauenhaften Kummer sehen konnte. So gerne hätte ich irgend etwas Tröstendes zu ihr gesagt, wußte aber nicht, was. Bis ich brummte, denn laut wagte ich es nicht zu sagen, schließlich wollte ich selbst das niemals und schon gar nicht als Trost hören: Die Wege des Herrn sind unergründlich. Das war ein Satz, der beim Zappen aus dem Wort zum Sonntag gefallen war. Dabei war mir meine Religionslehrerin Frau Schenkel eingefallen. Wegen Frau Schenkel merkte ich mir den Satz. Er hatte sich wie ein Straps an Frau Schenkel geschmiegt, an die ich jahrelang nicht gedacht hatte. Und er war genau das richtige für Frau Berger. War wie ein lindernder Salbentupfer, den ich durch das Fenster in ihre Traurigkeit schieben konnte. Frau Berger seufzte noch mal, nicht mehr ganz so tief, und sagte: ja, da muß ich jetzt wohl schauen, daß ich das Beste daraus mache.

Danach sah ich Frau Berger nur selten. Sie wurde vom Altenpflegedienst versorgt und bekam Essen auf Rädern. Einmal, ich putzte gerade Fenster, kam sie mit einem Mülleimer aus dem Haus. Von der Eingangstüre bis zu den Aschetonnen sind es zirka zwanzig Meter. Frau Berger brauchte dazu länger, als ich benötigte, um vier Doppelfenster zu putzen. Sie ging drei Schritte, setzte den Eimer ab, ruhte aus, kämpfte sich weiter. Kann sein, dieser Gang zu den Aschetonnen war für sie eine Bergbesteigung. Mein erster Impuls: runterlaufen und helfen. Aber dann dachte ich, das eine Fenster putze ich noch fertig. Dann schämte ich mich und putzte auch das zweite, dritte und vierte Fenster. Und dann schämte ich mich so sehr, daß ich die Wohnung nicht verlassen konnte.

Den ganzen Abend brachte ich Frau Berger nicht aus dem Kopf. Und als ich den Blumen Wasser gab, nahm ich eine aus der Vase – sie waren noch von meinem Geburtstag und nicht mehr frisch, aber Frau Berger sah ja auch nicht viel – und lief die Treppen runter zum ersten Stock. Ich klingelte, da fiel mir ein, was Frau Berger vor einem halben Jahr passiert war. Ein Türkenmädchen, das auch im Haus wohnte, hatte sich anerboten, einzukaufen und ein bißchen im Haushalt zu helfen. Es dauerte lange, bis Frau Berger sich wunderte, warum sie plötzlich alles verlegte, sogar Geld. Eines Tages erzählte die zweiundneunzigjährige Frau Berger ihrer vierundachtzigjährigen Nachbarin, daß es nun schon soweit mit ihr gekommen sei, daß sie den Ehering nicht mehr finde, und wenn das so weitergehe, sei es höchste Zeit, abberufen zu werden. Die Nachbarin, Witwe eines Polizeibeamten, hatte sofort einen Verdacht, und es gelang ihr tatsächlich, das Türkenmädchen des Diebstahls zu überführen. Dabei halfen ihr zwei Enkelinnen, die das kreischende Mädchen eines Abends durchsuchten und eine Halskette von Frau Berger fanden. Daß Frau Berger zuerst behauptete, sie habe dem Mädchen die Kette geschenkt, verhinderte die von der rüstigen Polizistenwitwe angestrebte Hausdurchsuchung nicht, bei der ein Teil dessen gefunden wurde, was Frau Berger verlegt zu haben glaubte. Das Geld tauchte nicht mehr auf. Dafür hatten die deutschen Mieter Oberwasser. Der Vorfall führte zu einem vorübergehenden nationalen Bündnis; in Grüppchen standen die deutschen Mieter beieinander, der Fahrstuhl wurde zum Stehstuhl, denn das Gespräch angesichts des Abgrundes von Lichtschacht und Hausflur schien am reizvollsten.

Wer ist da? rief Frau Berger.

Ich nannte meinen Namen.

Wer?

Ich brüllte. Einige Türen öffneten sich. Ich wurde identifiziert, die Türen wurden geschlossen und die Spione aufgeklappt.

Frau Berger öffnete ihre Haustür.

Grüß Gott Frau Berger, schrie ich und hielt ihr die Nelke unter die Nase. Ich habe gehört, daß Sie morgen ins Altenheim gehen, und da wollte ich mich von Ihnen verabschieden.

Was?

Ich schrie meinen Satz erneut.

Ja kommen Sie doch herein, sagte Frau Berger. Erleichtert schloß ich die Tür hinter mir.

Die Wohnung von Frau Berger sah so aus, wie sie wahrscheinlich seit dreißig Jahren aussah. Im Flur standen zwei der schwarzen Rentnerinnentaschen. Ich nahm an, das war das Gepäck fürs Altenheim.

Das ist aber nett von Ihnen, sagte Frau Berger und steckte die Blume in eine Vase mit anderen Blumen. Von Frau Rotter, sagte sie.

Das ist aber nett, schrie ich.

Ich weiß gar nicht, sagte Frau Berger, ob ich das Kaffeeservice mitnehmen soll. Den ganzen Tag schon überlege ich. Wissen Sie, es ist noch von meiner Hochzeit.

Sie zeigte mir das Service, das auf dem Tisch stand. Hin und her überlege ich schon den ganzen Tag.

Ich würde es mitnehmen, sagte ich.

Frau Rotter meinte, im Heim bekomme ich Geschirr.

Das macht doch nichts. Deshalb können Sie es trotzdem mitnehmen. Ist doch viel schöner, aus der eigenen Tasse zu trinken. Und wenn wirklich kein Platz ist, überlegen Sie sich halt was anderes.

Das ist eine gute Idee, strahlte Frau Berger.

In welches Altenheim kommen Sie denn, fragte ich.

Am Nymphenburger Schloß, sagte sie.

Ich sah Springbrunnen in einem weitläufigen Park vor mir. Das ist ja toll!

Kennen Sie das Heim, fragte sie.

Da haben sie wahnsinniges Glück, in so einer schönen Gegend, sagte ich ausweichend, aber mit unverminderter Begeisterung.

Tatsächlich, fragte Frau Berger.

Ganz bestimmt, sagte ich.

Wissen Sie, sagte die Zweiundneunzigjährige. Das ist schon ein schwerer Schritt. Da fängt ein völlig neuer Lebensabschnitt für mich an.

Für einen Moment wollte ich mich niederknien vor Frau Berger, dann wären wir vielleicht gleich groß gewesen, und ihr danken. Danken dafür, daß ein neuer Lebensabschnitt für sie begann. Stattdessen streichelte ich ihre Hand. Eine Hand, die weich und warm war. Eine kleine, runzelige und sehr liebevolle Hand.

Auf Wiedersehen, Frau Berger, sagte ich, und wußte, ich würde sie nie wiedersehen.

Auf Wiedersehen, sagte Frau Berger. Es klang, als würden wir uns wiedersehen.

Schuhreparatur

Josefine Konietzko
Stadtsanierung

Noch gestern
sah ich
Oma Sievers
im kleinen Haus
am Fenster sitzen
sie schickte winkend
ihre Grüße
und lächelte
mir Leben zu

Heut' suche ich
nach ihrem Lächeln
die hohen
Häuserfronten ab
zähle geduldig
genormte Fenster
um ihre Blicke
einzufangen

Heinrich Droege
Wir werden zeigen, daß wir wer sind

Die Abendsonne tauchte das Zimmer in uringelbes Licht. Alles schien gelb. Wenn eine Landschaft vor dem Fenster wäre, die müßte jetzt sehr schön aussehen, alles weich gezeichnet von dem rotwelligen Licht. Aber vor dem Fenster reihte sich ein grauer Wohnblock an den anderen.

Wieder neigte sich einer seiner sinnlosen Tage der Dämmerung zu, Stunden die nicht vergehen wollten und in leere Abende mündeten. Oft saß er mittags schon vorm Fernseher bis spät in die Nacht, und ging dann unbefriedigt ins Bett. Dem Herrgott den Tag stehlen! würde er, hatte seine Mutter geschimpft, wenn er als Jugendlicher am Sonntag bis zum Mittagessen im Bett lag. Des Menschen Leben währet siebzig Jahre, und wenn es köstlich gewesen, war es Mühe und Arbeit gewesen, hatte er im Konfirmandenunterricht gehört. Arbeit schändet nicht, sich Regen bringt Segen, Arbeit macht das Leben süß ... das waren so die Sprüche, die seine jungen Jahre begleitet hatten. All das war nicht mehr wahr, war vielleicht nie wahr gewesen, aber alle hatten daran geglaubt, glaubten womöglich noch immer daran.

Er wußte noch, wie er sich auf die arbeitsfreien Wochenenden gefreut hatte, sich danach gesehnt, die malträtierten Knochen zu dehnen, alle Tabellen und Zahlen aus dem Hirn zu spülen, mit der Kleinen zu tollen, mit der Frau zu schmusen. Man sehnt sich immer nach dem, was man nicht hat.

Mittwoch war immer ein großer Tag, da wurde die Woche geteilt, da war die Hälfte der Arbeitswoche rum, da wurde sich aufs Wochenende gefreut. Die Arbeitstage waren gestohlenes Leben, die mußte man rumbringen, wirklich Leben konnte man am Wochenende, vielleicht mal abends, aber da mußte man früh ins Bett, um sechs Uhr war die Nacht rum.

Er hatte ein wenig geschlafen, reckte sich zurecht, gähnte gegen die Fensterscheibe, die einen blinden Fleck bekam von seiner Atemluft. Er schlief viel in letzter Zeit und fühlte sich dennoch immer müde. Müde und lustlos. Er schlurfte ins Bad pinkeln. Vor dem Spiegel strich er mit gespreizten Fingern durch seine Haare. Was ich da sehe, ist das, was man einen Mann in den besten Jahren nennt, dachte er. Ein bißchen Lack ist ab, aber was man an Erfahrung und Wissen zugewonnen hat, hebt die äußerlichen Beschädigungen glatt auf, hatte sein Schwager letztens zu ihm gesagr. Sein erfolgreicher Schwager. Für mich gilt das nicht, hatte er geantwortet, ich bin fertig, mich braucht man nicht mehr.

Drei Jahre war er jetzt daheim, wetzte die Polstermöbel ab, wurde von der Frau hochgeschreckt, wenn er wo gemütlich saß und vor sich hindöste. Die Wohnung war aufgeräumt und pieksauber, nicht ein Fusselchen Staub auf dem Boden. Auch das machte ihn verrückt, dies Schrubben und Wischen den ganzen Tag. Geh raus, beweg dich, kriegst ja Schwielen am Hintern vom Sitzen, sagte sie, während sie mit dem Staubsauger zwischen seinen Beinen rumfuhrwerkte und die Fenster aufriß um zu Lüften, während er doch die Zeitung lesen wollte. Du mußt die Zeitung doch schon auswendig kennen, liest sogar die Theaterkritiken und die Todesanzeigen. Ich lese die Stellenanzeigen! baffte er dann. Und das schon seit drei Jahren, aber gefunden hast du noch nichts. Habe ich schon! beharrte er, mehrmals sogar, aber ich war denen immer zu alt.

Komm, laß uns spazieren gehen, es ist herrliches Wetter, forderte sie. Ist mir egal, was für ein Wetter ist, brummte er, dieses Grün, diese Sonne, diese trockne, durchsichtige Luft, Schönfärberei ist das. Sogar das Wetter ist mit den verlogenen Politikern im Bunde, spiegelt einem vor, was nicht ist.

Das Schlimmste am Alter ist, daß man keine Zukunft mehr hat, hatte sein alter Vater gesagt. Na schön, die Wehwehchen und Müdigkeiten, aber hätte man noch Zukunft, würde man das gar nicht wahrnehmen. Sein Vater war achtzig als er das sagte. Und ich bin kaum fünfzig und empfinde das so. Es passiert einfach nichts. Die Tage sind wie die Sonntage meiner Kindheit, alle Tage. Da ist auch nichts passiert oder immer das selbe. Jeder Sonntag lief gleich ab: Familienfrühstück, Kirchgang, Schweinebraten, der Ausflug ins Grüne (mach aber deine gute Hose nicht schmutzig), abends Sportnachrichten. Im Winter wars noch schlimmer, da hatte man Besuch oder man machte Besuche zum Nachmittagskaffee, und Vater hatte sich einen Selbstbinder um den Hals gewürgt und die Kinder hockten artig und stumm mit am Tisch, mußten sich das endlose Gelabere der Alten anhören und dazu wie blöde Kuchen baggern. Ständig hob jemand eine Tasse zum Mund während ein anderer Streuselkuchen einfuhr, immer gingen Arme hoch und runter, Münder auf und zu, Köpfe hin und her, wie ein menschliches Mobile sah das aus.

Umschulen sollte er, hatte man ihm auf dem Arbeitsamt nahegelegt. Er kannte welche, die waren dreimal umgeschult worden, gebracht hatte es nichts, sie waren weiterhin ohne Arbeit. Mobil müßte er sein. Soll ich mir vielleicht einen Wohnwagen zulegen und der Arbeit nachreisen, hatte er gefragt. Wer braucht mich schon? Niemand. So empfand er es. Seine Tochter war groß, raus aus dem Gröbsten, seine Frau kam ohne ihn zurecht, besser wahrscheinlich als mit ihm. Es tut mir so leid, auch für Dich, entschuldigte er sich manchmal bei ihr, kein Urlaub mehr, kaum daß wir mal ausgehen. Vielen geht es schlechter, sagte sie dann. Wem denn? Ich meine Menschen irgendwo auf der Welt; viele hungern, wir nicht. Ja, man hält uns am Leben, man läßt uns leben. Aber Leben ist nicht Essen und Wohnen, Leben ist ein bißchen mehr, ist gebraucht werden, geliebt werden. Was erwartest du, die Liebe aller in diesem Wohnblock oder die Liebe des ganzen Landes, die Liebe der Menschheit gar? Deine Tochter liebt Dich, ich liebe Dich.

Vielleicht war das mal so. Gott liebt Dich, Gott braucht Dich, hatte der Pfarrer gesagt, der ihren Arbeitslosentreff manchmal heimsuchte. Er hatte höhnisch gegrinst damals, hatte gesagt, Ihr Gott braucht mich bestimmt nicht. Was soll der mit mir anfangen? Nicht mal eine bescheidene Arbeit hat Ihr Gott für mich. Gott ist kein Arbeitgeber, hatte der Pfarrer gesagt. Nein, hatte er frech gefragt, angeblich fällt doch kein Spatz vom Himmel, ohne daß Ihr Gott es will. Früher war er Sonntags manchmal zur Kirche gegangen, obwohl er lieber hätte ausschlafen mögen. Jetzt ging er nicht mehr zur Kirche; er war arbeitslos.

Mit ein paar Kumpels traf er sich manchmal, Skat spielen, reden von alten Zeiten ... Manchmal ohne Punkt und Komma, aber immer von alten Zeiten. Weißt du noch: wie du vormittags mal wegmußtest mit ein paar Lehrlingern unterwegs warst was heißt vormittags den ganzen Tag warste weg wolltest gar nicht mehr hoch in dein Büro gleich ab nach Hause nachdem der Kombi im Hof stand aber dein Auto war weg einfach weg verschwunden getobt haste vom Pförtner aus die Polizei angerufen die bald kam und ne Anzeige aufnahm aber deinen Fahrzeugschein wollten die sehen der oben im Büro lag und die hoch mit dir in den dritten Stock und da stand dein Auto vor deinem Schreibtisch haha haben die gestutzt und gelacht und du hast getobt die Scheißkerle zu blöde ihren Namen zu schreiben aber für jeden Schabernack gut hatten die dir deinen Polo im Aufzug hochgeschafft und vorn Schreibtisch bugsiert die ganze Abteilung hat gewiehert das ganze Werk und du hast gejammert ich bin blamiert weil du so streng warst mit den Jungens haben die es gemacht war doch witzig warst ein strenger Ausbilder immer rumgetönt von nem Dreisatz haben die scheinbar nie was gehört inner Schule gut gut warst ein guter Ausbilder und heute bilden die nicht mehr aus bilden überhaupt nicht mehr aus ...

Wir durften wenigstens dreißig Jahre lang beweisen, was wir können und daß wir was können, aber die Jungen heute haben gar keine Chancen mehr, sagte er. Vierzig Bewerbungen hatte seine Tochter geschrieben, bis es einmal klappte, sie eine Lehrstelle bekam. Wenigstens hatte es dann doch noch hingehauen, zwar ein Jahr später erst, aber immerhin.

Nimms mit Humor, sagt sein Kumpel Jens immer. Alles hat auch eine gute Seite. Der Witzbold, der ist mit einer Narrenkappe geboren, nervt mit dummen Sprüchen, von wegen, sei froh, daß du raus bist aus der Tretmühle, haste wenigstens Zeit fürs Wesentliche. Ich hab die jetzt, die Zeit, nicht unser automatisiertes Schlaraffenland isses Wesentliche, eher der umfassend entwickelte, allseitig gebildete Mensch. Das weißte nur, wenn du ne Nische hast, nur, indem du dich dem Wesentlichen widmen kannst. Beneidenswert der Kerl, wenn er einen nur nicht ständig belehren tät, der Arsch, von wegen: Heute dies und morgen jenes tun, morgens zu jagen, nachmittags zu fischen, abends Viehzucht zu treiben, nach dem Essen zu kritisieren, wie du gerade Lust hast, ohne je Jäger, Fischer, Hirte oder Kritiker zu werden. Als ginge nicht ein Gespenst um in Europa, und als hätte es uns nicht am

Schlawittchen. Dabei läuft er selbst als Sandwich auf der Einkaufszeile rum, zehn Tage lang jeden Tag, bis ihn die Polizei gegriffen hat; vorn auf seinem Plakat: Suche Arbeit – stehle sofort! hinten: Heute ich – morgen Du!

Die Arbeit von der Fron in ein Bedürfnis wandeln, in den höchsten Genuß, den wir kennen, schön und gut, die noch Arbeit haben klotzen ran wie die Blöden, schieben Überstunden noch und nöcher, andere sind draußen, aber nicht im Reich der Freiheit, sondern aufem Bett der Langeweile, bääh ...

Er langweilte sich so durch, unschlüssig, ob er noch einmal um den Häuserblock laufen sollte, immer um den Block rum, um raus in den Wald zu kommen, mußte er eine Stunde mit der Straßenbahn fahren. Manchmal saß er auf einer Bank am Kinderspielplatz und sah den Rangen zu, war den Müttern schon aufgefallen, wurde von der Polizei befragt, was er hier mache. Was schon, den Kindern zusehen, die sind frei, die wissen noch nichts von der Scheiße, hatte er gesagt. Wenn er wenigstens Enkel hätte, um die er sich kümmern könnte, von denen würde er gebraucht werden, die würde er lieben und vielleicht sie ihn. Unser bestes sind unsere Fantasien und die Träume und die Spiele der Kinder, das wußte er, aber er träumte nicht mehr, nicht mal das, und die Fantasien hatte ihm das Fernsehen ausgetrieben.

Er räkelte sich in den Sessel und schaltete den Fernseher an. Schon am frühen Abend Talkshow, viel Geschwätz um nix, immer Thema EINS: Sex und Sucht. Soll ablenken vom wirklichen Thema EINS, vom Geld. Geld regiert die Welt, was sonst, wer sonst. Geld ist das Maß aller Dinge.

Als das Telefon diedelt schaltet er den Fernseher aus. Es ist sein Kumpel Otto. Jetzt wirds ernst, sagt Otto. Nix mehr Theater, keine Kindereien mehr, übermorgen demonstrieren wir, alle Arbeitslosen, sechs Millionen oder sieben. Schön wärs ja, sagt er, aber ich glaube nicht dran. Otto baut ihn auf: egal wieviele es sein werden, wir sind dabei. Zieh dich warm an, wir treffen uns nachher, um acht Uhr in der Kneipe. Wir spielen doch erst morgen Skat, erinner er. Was heißt hier Skat? Wir bereiten die Demo vor, die Jungens vom Arbeitslosentreff kommen auch.

Kein Theater, keine Kindereien, hatte Otto gesagt. Aber sie hatten doch immer Spaß beim Planen, und viel Spaß hatten sie ja sonst nicht. Jens mit der Narrenkappe hatte die Masken angeschleppt. Nach Fasching billige Ladenhüter, Pappköpfe von Kohl, Rexroth und nem Krokodil. Wir machen ne Schau auf der Einkaufszeile, ich mach den Kohl und jeder darf mir Bescheid sagen, mich beschimpfen für zehn Pfennige. Und wenn dir einer in den Arsch tritt? Auch gut, wenn er nicht allzu spitze Schuhe anhat, kostet aber eine Mark. Und ich verteile Knüppel an die Passanten, Knüppel ausem Sack, für zwei Mark darfste durchgebläut werden. Das aber wollte Jens nicht, nicht für den Preis.

Der Jens hat dann den Kohl gemacht und die drei haben ihn über die Zeil gejagt. Der Kanzler hat sich Hilfe bei den Umstehenden erbeten, ohne großen Erfolg, und manchmal hat er von einem Jugendlichen noch einen zusätzlichen Tritt in den Arsch bekommen. Die schlagen den Kanzler! hat eine Frau entsetzt zu ihrem Mann gesagt. Hilf doch! Das ist doch nur Theater, ist eine Performance. Die Kinder hatten am meisten Spaß, besonders wenn Otto als Krokodil dem Kohl einen Flicken aus der Hose riß und seine lange, weiße Unterhose sichtbar wurde. Kaspertheater in der Wintersonne, unentgeltlich vor Juwelierläden und dem Kinopalast, in dem der Untergang der Titanic gezeigt wurde.

Iss des de Kasper mit dem Birnenkopf? fragte ein kleines Mädchen seine Mutter. Das ist wahrlich der Kasper, ein Kasper von vielen, der Oberkasper! gröhlten ein paar angeheiterte Jungens vor der Frittenbude. Am nächsten Tag stands in der Zeitung. Der eine Reporter fands witzig, ein anderer war angewidert.

Als seine Frau zurückkam sagte er ihr, daß er noch mal weg mußte. Er ging ins Bad und rasierte sich. Dabei pfiff er ein Liedchen. Das hatte sie lange nicht erlebt, daß er gut drauf war und sich ansehnlich machte. Triffste ne Freundin oder was, fragte sie. Selbst das wäre ihr schon egal gewesen, Hauptsache er rasierte sich mal, wusch sich die Haare, schlurfte nicht nur in dem ausgebeulten Jogginganzug durch die Wohnung. Demut muß endlich Wut werden, sagte er. Ich gehe zu den Kollegen, wir demonstrieren. Jetzt wo es dunkel ist draußen? Nein, natürlich nicht, nur reden, nur vorbereiten.

Arbeit ist ein Fluch, wissen wir aus der Bibel, und auch er hatte sich oft gewünscht zu faulenzen, zwischendurch mal zu faulenzen, schön und gut, aber zuletzt sieht man sich selbst nicht mehr, und andere sehen einen auch nicht, was kaum wichtig ist, nur vor sich selbst muß man bestehen. Man muß glauben können, man sei wichtig, wenigstens ein bißchen, wenigstens das berühmte kleine Rädchen im großen Getriebe, oder man muß an eine Sache glauben, an eine Idee, an ein Ziel, auf das hin man lebt und für das man Opfer bringt. All das wußte er, aber es war Theorie.

Es war warm für die Jahreszeit, Nieselregen, feucht die Luft bis in die Lungen. Die U-Bahn noch gut besetzt, an jeder Station drängten ein paar Dutzend raus auf die Rolltreppen, nach Hause oder ins Vergnügen. Ihr Tagwerk war getan in Fabriken und Büros, nichts erhebendes, natürlich nicht, alle waren geschäftig für Essen und Heizung, wenig, zu wenig; die mehr hatten, Macht und Einfluß, die die Puppen tanzen ließen, die das Sagen hatten über die in der U-Bahn, die waren nicht in der U-Bahn, nicht unter der Erde, nie.

Nach zwanzig Jahren Fleiß und Disziplin war er Ausbilder geworden. Stolz war er. An die Jungen weitergeben was er konnte und wußte. Viele von denen, die er drei Jahre unterwiesen hatte, waren auch draußen, arbeitslos, ausgespuckt, unbrauchbar. Vorbild wollte er den Jungen sein, immer pünktlich war er, Können und berufliche Erfahrung zahlen sich aus, sagte er. Heute stand er als Lügner da, auch das noch. Er hatte sich voll eingebracht, und mußte sich oft zwingen dazu, denn auch er geträumt anderes zu tun, ganz anderes. Er hatte oft empfunden, daß er irgendwie ein Krüppel war, keine Spiele erfinden konnte, nicht malen konnte, nicht mal singen. Aber er konnte es jetzt auch nicht. Es war wohl zu spät dazu.

Auf dem Weg zum Treff traf er Hermann, den vierten Skatbruder, den ältesten des Quartetts, Ingenieur, seit vier Jahren arbeitslos, den guten Menschen von Sachsenhausen. Immer wieder wollte er beweisen, daß der Mensch des Menschen Freund ist, nicht sein Feind. Liest am Hauptbahnhof eine total bekiffte Tante auf, jung noch, aber völlig runtergekommen und schleppt sie mit nach Hause. Seine Frau hat ihn gefragt, ob er noch alle beisammen hat und er hat ihr erklärt, daß die junge Frau kein Nachtlager hat und so für zwei, drei Tage doch bei ihnen... Sie blieb dann fünf Tage und bei Hermann hing der Haussegen schief, dabei beteuerte er immer wieder, er wolle die junge Frau nicht besteigen, so eine doch nicht, nicht mal mit der Feuerzange würde er so eine anpacken, aber helfen muß man ihr doch, denk an Maria und Josef und das Kind und was noch geschrieben ist, daß,was du deinem letzten Bruder tust, das hast du mir getan oder so ähnlich, sagt dein Jesus doch, ich gehe nicht zur Kirche aber du doch jeden Sonntag. Und nach fünf Tagen war sie weg, die junge Frau, und aller Schmuck von Hermanns Frau auch und zweihundert Mark. Na und, das macht uns doch nicht ärmer, hat er gesagt, der Hermann. Ein Spinner, aber kein flacher Kopf.

Der sonst eher ruhige Hermann hat später das Wort geführt. Viele waren nicht gekommen, aber zwei Dutzend immerhin. Wir haben nur gelernt zu arbeiten, zu gehorchen, pünktlich zu sein, und sind zu alt und zu blöde anderes zu lernen, hat er gesagt. Das zumindest denken die. Die sind aber aufem Holzweg – oder? Wir müssen zeigen, daß wir wer sind, daß mit uns zu rechnen ist, nicht mit mir, nicht mit dir Otto und nicht mit Jens, mit uns. Wir werden uns selbst achten und zwingen andere damit, uns zu achten. Schluß mit der Verachtung.

Jens hielt nichts davon, das Arbeitsamt zu besetzen. Wir müssen dorthin wo die Musik spielt und auf die Pauke hauen, zu den Banken, in die Börse. Die Politik hat die Gestaltungskraft längst an die Wirtschaft verloren. Wer versteht was von Elektronik, von Computern? Niemand, leider. Denen in die Suppe spucken, deren Systeme sabotieren, abstürzen lassen, das wärs.

Die Mehrheit war dafür, das Arbeitsamt zu besetzen, Tag und Nacht. Und früh ziehen wir zur Edelherberge, dem teuersten und vornehmsten Hotel der Stadt und frühstücken dort. Was glaubt ihr, was dort fürn Büfett auf uns wartet. Und was soll auf den Transparenten stehen? Was uns einfällt, was jedem von uns einfällt. Jeder bastelt sich eins und dann machen wir noch zwei,drei ganz große. 35 STD. – ARBEIT FÜR ALLE! oder: WENIGER ARBEIT – ABER ARBEIT FÜR ALLE!

Auf dem Heimweg mit Jens: Was verstehen wir denn von den großen Zusammenhängen? fragte er. Nichts und alles, erklärte Jens. Seit Jahrtausenden hat sich nichts geändert, es geht um Energie und Absatzmärkte, erst Sklaven dann Öl, erst Gallien dann Afrika. Und zwischendurch Erz und Elfenbein. Marx wußte gar nicht wie recht er hatte, bis heute, gerade heute.

Schon früh verschwand er am nächsten Tag im Keller und sägte und hämmerte. Schablonen ging er kaufen und Farbe. Seine

Frau wunderte sich. Als er zum Mittagessen hoch kam fragte sie ihn, was er treibe. Nach dem Essen zog er sie auf den Schoß und streichelte und knutschte. Sie wußte nicht, wann er das zum letzten Mal getan hatte. Das war ein anderer Mann plötzlich, zehn Jahre jünger, heiter und ausgelassen.

Später kam Jens vorbei und sie zogen los Schlafsäcke kaufen. Jens erklärte, daß er nach wie vor dagegen sei das Arbeitsamt zu besetzen, die sind nämlich sowieso auf unserer Seite, und es tut niemandem weh. Die Mehrheit hat es beschlossen, sagte er, und wir werden keinen Rückzieher machen. Das natürlich nicht.

Um sechs Uhr piepte der Wecker, wie in alten Zeiten. Er ging ins Bad und kochte anschließend Kaffee, dann weckte er seine Frau. Möchtest du mit mir frühstücken? Morgen frühstücke ich im Grand-Hotel. Oder im Gefängnis, sagte sie. Im Hotel, wirst sehen! beruhigte er sie und nahm sie in die Arme. Dann griff er sich den Schlafsack, hängte sich seine Sandwiches um den Hals, schob das zusammengerollte Transparent untern Arm und tänzelte die Treppe runter. So kam es ihr wenigstens vor, er tänzelte, und war doch sonst nur geschlurft, geschlichen.

An der nächsten Ecke flog er durch die Luft. Mehr konnte er nicht sagen, als er im Krankenhaus erwachte. Sein Kopf war umwickelt, seine Arme bandagiert, sein rechtes Bein hing geschient am Bettgalgen. Ich muß so schnell wie möglich hier raus! sagte er. In zwei Wochen vielleicht, sagte der Arzt. Ich habe doch keine Zeit, ich muß doch ... Sie haben Zeit, und mit etwas weniger Glück, hätten sie jetzt alle Zeit der Welt. Bleiben sie ganz ruhig liegen, sie haben eine schwere Gehirnerschütterung.

So eine Scheiße! sagte er, drei Jahre lang hätte ich wirklich Zeit gehabt und ausgerechnet heute ...

Erika Runge
Sozialhilfe

Die Dumpfheit in Mariannes Kopf verschwand auch gegen Mittag nicht, und der Schmerz in ihrem Oberkiefer, der von dem rötlichen Schleim aus der Nase übriggeblieben war, ließ sie manchmal verzweifeln. Weinen tat gut, aber meist dauerte es nicht lange, und von den Tabletten wurde ihr schlecht.

„Die Wohnung," dachte Marianne immer wieder und träumte nachts davon, „ich muß versuchen, die Wohnung zu halten." Sie hatte angefangen, im Haus als erste Guten Tag zu sagen und sogar den Müll wegzuräumen, den die andern neben die Tonne kippten, damit sie als ordentliche Mieterin galt.

In einer Zeitschrift, die sie aus einem Papierkorb an der Grünanlage mitgenommen hatte als niemand über den Platz ging, fragte eine schön fotografierte Reporterin nach den Wünschen der Leser, denn Wünsche würden Kraft zum Handeln geben. Marianne zog sich die Strickjacke über, die zu flicken nicht mehr lohnte und kroch ins Bett. Vorsichtig schob sie das Heizkissen in die Steckdose, um den bröckelnden Regler nicht zu berühren und packte es sich auf den Bauch. „Wünsche," dachte sie, und ihr fiel ein, daß sie an einem sehr heißen Tag barfuß über den Strand gelaufen war, und daß der Sand einen Geruch hatte. Dann dachte sie an Nuß-Sahne-Torte. Die Reporterin betonte, wie wichtig es sei, sich seiner Entwicklung zu stellen und auch an der seiner Mitmenschen Anteil zu nehmen. „Nur wer mit den Widerständen der Welt ringt, wer zupackt und gestaltet, gewinnt Glück." Glück und Bequemlichkeit seien unvereinbar.

In dem Augenblick klingelte es. Marianne hielt den Atem an wie ein Kind beim Versteckspielen. Samstagnachmittag, das konnte nur ihre Schwägerin sein. Die würde wieder sagen, Marianne solle sich zusammenreißen, und andere wären froh, wenn sie nicht mehr morgens um 6.00 Uhr in die Fabrik müßten, und sie wüßte sich einen schönen Tag zu machen, wenn sie dermaßen viel

Zeit hätte, aber bei drei Kindern, naja. Und dann kämen die Klagen über Joachim, ihren Bruder, und Marianne solle begreifen, daß es anderen auch schlecht geht und sich nicht dermaßen, sie sagte immer: dermaßen! gehen lassen. Am Schluß würde die Schwägerin 10,- Mark unter den Teller auf dem Küchenschrank schieben, ganz nebenbei, aber natürlich so, daß man's gleich merkt.

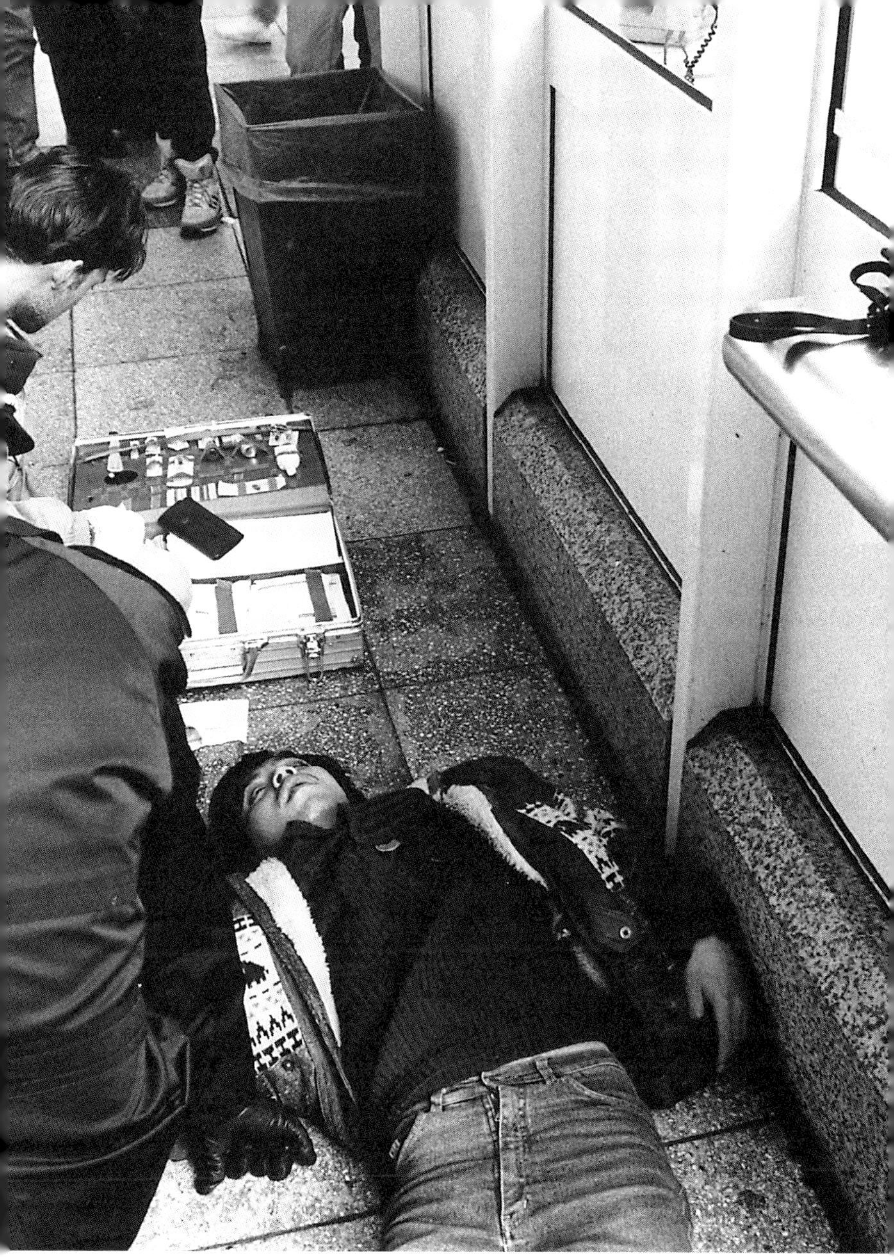

Radjo Monk
Im Arbeitsamt

Die ungetane Arbeit kann man nennen: Köpfe mit Nägeln
machen. Am besten nachprüfbar ist das im Arbeitsamt.
Setz dich auf einen der Rohrstühle, nimm Platz im Korridor
numerierten Wartens & stell dir vor, du wärest die
Demokratie in Gestalt einer Gans, gefangen für Weihnachten

& stell dir vor, du würdest nun zwecks effektiver Mast
festgenagelt auf dem Boden der Tatsachen, ferner gestopft
mit Formularen & wenn du nichts mehr schlucken kannst,
gießen sie dir ein bißchen Tinte in den Hals.

Während du still hältst & die gegenüberliegende Wand anstarrst,
quillt Sand aus deiner Biographie, mischt sich
mit dem zähen Sud der Statistiken & nach einer Weile fühlst du,
wie etwas träg & klebrig an deinen Schuhen schmatzt.

Bald wirst du meinen, das Geräusch der Meeresbrandung
zu hören: eine Stunde um die andere segelt davon auf Papierschif-
fen aus Fragebögen. Die Brandung, sagst du dir, ist Tausende
Jahre alt – wie konntest du sie nur vergessen.

Später mischt sich Schaumgesang in das ozeanische Geräusch &
Vögel lassen sich nieder auf deinen Schultern, als wären sie
Klippen.

Zuletzt wird sich in dir vollkommene Leere ausbreiten,
in der ein einziger Gedankenfisch schwimmt: die sonderbare
Hoffnung, es könnte, was zu tun bleibt, ein Querschläger
für dich erledigen

Kurt Wünsch
Gauloises Blondes

Randolf ist fertig. Er hockt nur noch zu Hause rum und kippt eine Büchse Bier nach der anderen. So kriegt der nie wieder eine Frau.

Gut, ich trinke auch mein Bier. Aber lange nicht so viel wie Randolf. Zwei Büchsen zum Frühstück, zwei zu Mittag und höchstens drei abends. Mehr nicht. Bei mir klappt's vielleicht noch mal mit einer Frau.

Ich könnte sogar schon wieder eine haben. Else ist verrückt nach mir. Aber sie hat zu wenig Zähne. Drei oder vier Zähne oben und unten muß eine Frau noch haben, sonst läuft bei mir nichts.

Früher haben Randolf und ich eine Chemieanlage gefahren. Manche Wessis fragen erstaunt: „Wohin gefahren?" Dann antworten wir: „Früh von Halle nach Buna und abends zurück." Und die Wessis sagen: „Das konnte ja nicht gut gehen", und freuen sich, weil sie so schlau sind.

Jetzt wollen wir nicht mehr, Randolf und ich. Ich bin vierundvierzig und mein Kumpel dreiundvierzig. Aber er sieht wie fünfzig aus. Ziemlich abgewrackt.

Ab vierzig sollte arbeiten verboten werden. Dann wäre Ruhe auf dem Arbeitsmarkt. Die Politiker könnten meinetwegen weitermachen. Dann sehen sie bald alle aus wie Randolf.

Was bringt's denn, wenn man arbeitet? Manne, unser dritter Kumpel, hat noch 'ne Stelle. Und? Klappt nach dem zweiten Bier ab wie eine morsche Tomatenstange, und seine Frau ist auch weg.

Heutzutage hauen die Weiber alle ab. Die einen, weil die Männer zuviel, und die anderen, weil sie überhaupt nicht arbeiten.

Randolf versäuft seinen Verstand. Neulich kam ich zu ihm in die Küche. Natürlich sah's bei ihm aus wie bei den Alternativen. Gut, bei mir ist auch nicht immer Aufräumen angesagt. Aber Randolf nimmt die leeren Bierbüchsen nicht mal mehr vom Tisch.

Das gibt's bei mir nicht! Der Tisch muß frei bleiben. Das ist Prinzip bei mir.

An der Wand in Randolfs Küche hing ein Bild. Werbung. Frau mit Zigarette, Spielkarten und schrägem Blick. „Wie gefällt sie dir?“ fragte mein Freund scheinheilig.

Sinnlose Frage. Wie soll mir so eine gefallen? Ich grinste nur. Mein Kumpel wollte aber unbedingt was hören von mir. Ich tat ihm also den Gefallen und sagte: „Sehr sympathisch. Gauloises Blondes, hab ich auch schon mal probiert, diese Sorte. Ist aber zu stark für mich.“

„Das Mädchen raucht überhaupt nicht“, bemerkte Randolf wie beiläufig.

Ich ahnte nichts, zuckte mit den Schultern und sagte: „Das kann man bei so einer nie wissen.“

Da wurde mein Kumpel plötzlich tierisch. Drehte total ab. „Ich weiß es aber genau!“ schrie er. „Sie faßt keine Zigarette an!“

Ich blieb ruhig und erkundigte mich, woher er seine Weisheit hätte. Da kam der Hammer. „Weil sie bei mir lebt, das Mädel!“

„Na prima“, sagte ich. „Da hast du ja ausgesorgt.“

Randolf holt keiner mehr zurück. Er räumt neuerdings seine Bude auf und hat sich neue Klamotten besorgt. Wegen ihr, behauptet er. Wegen dem Mädchen auf dem Plakat. Ich habe sie nun mal etwas näher in Augenschein genommen. Ich gebe zu, daß sie mir auch gefällt. Zierlich ist sie – aber das Gegenteil von mager unter dem blauen Kleid. Dazu pechschwarze Haare, schöne Augen, viele Zähne.

Randolf sah mir meine Sympathie an. „Könntest eifersüchtig werden, wie?“ meinte er.

Eifersüchtig! Auf ein Bild! Lächerlich. Bilder könnte ich mir auch massenhaft in die Küche hängen. Mit noch viel schöneren Frauen drauf als dieser Madeleine und mit welchen ohne blaues Kleid. Das läuft aber bei mir nicht. Ab und zu ziehe ich mir einen Pornofilm rein, das ist alles. Manche Leute jammern ja jetzt und behaupten, früher wäre alles besser gewesen. Aber daß es damals keine Pornofilme gab, haben sie vergessen. Allerdings muß man aufpassen. Wenn du zu viele Pornofilme guckst, lassen dich sämtliche Frauen, die für dich in Frage kommen, total kalt.

Mein Kumpel Randolf muß bestimmt in die Klapper. Und dort ist Sense mit Bier. Da gibt's nur lauwarmen Tee. Ich weiß es von Stocher. Der hat's in der Klapper ohne Bier nicht lange ausgehalten und ist lieber gestorben.

Randolf tut mir leid. Er ist doch mein Kumpel. Obwohl er sich neuerdings mir gegenüber aufspielt wie ein Ölscheich. So von oben. Vor ein paar Tagen sagte er ernsthaft: „Du tust mir leid, Wolfgang. Weil du ohne Frau leben mußt."

Da brannte bei mir eine Sicherung durch. „Weißt du, was komisch ist", erwiderte ich aufgebracht, „sehr komisch, sogar?"

„Du bist komisch!" lachte Randolf. „Solange du in meiner Küche sitzt, starrst du Madeleine an."

„Madeleine?" kicherte ich zurück. „Madeleine? Wo ist sie denn, diese geliebte Madeleine? Ich sehe immer nur ein Bild an deiner Küchenwand!"

Es war gemein, was ich da sagte. Man darf einen Menschen nie mit der Wahrheit konfrontieren. Das bringt ihn perfekt in die Klapper. Wie Stefan. Der wollte ehrlich weg vom Stoff und wieder arbeiten, egal was. Bis ihm ein Geschäftsführer beim Vorstellungsgespräch die Wahrheit sagte. „So, wie Sie aussehen, nimmt Sie nie wieder einer, Herr Wagner." Da drehte Stefan durch. Seither trinkt er nur noch lauwarmen Tee.

Randolf aber blieb nach meiner Frage total cool und legte nur triumphierend einen Finger an die Lippen. „Madeleine ist im Zimmer nebenan. Hörst du, wie sie hustet? Ihr bekommt nämlich unser deutsches Klima nicht."

Ich tat zuerst, als lauschte ich gespannt, und grinste innerlich. Das verging mir aber bald. Es hustete nämlich tatsächlich eine weibliche Person nebenan. Randolf wollte sie sogar rüberrufen. Ich verzichtete jedoch und machte lieber, daß ich wegkam.

Mein Freund brachte mich bis zur Haustür, und ich trottete langsam davon. Dann drehte ich mich noch einmal um.

Man soll sich nie umdrehen im Leben. Wer sich umdreht, kommt in die Klapper.

Neben Randolf stand eine weibliche Person: schwarze Haare, blaues Kleid, große Augen. Mir sträubte sich das Fell. Da lief was ab, was keiner erklären konnte. Du hängst dir ein Plakat mit einer Frau drauf in die Küche, und plötzlich steht sie neben dir.

Das ist Wahnsinn.

An diesem Abend hielt es mich nicht zu Hause.

Bei Monika an der Brücke standen wie immer ein paar Kumpels, ich gehe hauptsächlich wegen ihnen hin. Wer redet denn sonst noch ein Wort mit mir? Im Haus, wo ich wohne, keiner. Für die bin ich asozial. Mir ist das schnuppe. Ihr seid asozial, denke ich. Verkloppt erst eure Frauen und lauft anschließend mit Schlips und Kragen durchs Treppenhaus. Und guckt solche wie mich an, als wären wir Kakerlaken.

Gemütlich steht es sich vor Monikas Laden nicht. Im Sommer gehen zu viele Leute vorbei. Sobald sie uns sehen, laufen sie unwillkürlich schneller und halten ihre Taschen krampfhaft fest. Eigentlich ist es lustig.

Im Winter aber, wie jetzt gerade, pfeift der Wind vom Fluß rüber, und die Straßenbahnen quietschen lauter als im Sommer.

Bei Monika hing an diesem Abend ein neues Bild über der Kasse – die Frau mit dem blauen Kleid und den Spielkarten. Ich mußte unwillkürlich immer wieder hingucken. Warum schaut sie uns nicht in die Augen, dieses Weib, fragte ich mich. Wir tun ihr doch nichts. Wir sind friedlich. Schon wegen Monika.

Also, ich gucke und gucke auf die Frau – plötzlich dreht sie die Augen zu mir, läßt die Spielkarten sinken und lächelt. Ich schwör's, daß es so war. Denn ich habe es gesehen. Was man gesehen hat, das war so.

Ich beschäftige mich jetzt mit Wundern, also Sachen, die man scheinbar nicht erklären kann. Es gibt mehr, als ich ahnte. Zwei Stapel dicker Bücher voller Wunder legte mir die Bibliothekarin vor die Nase. Ich entschied mich für die Bibel. Toll, dieses Buch. Da läuft einer übers Wasser, als wäre es eine Betonpiste, macht Blinde sehend und Hungernde satt. So einer möchte ich auch sein. An seine Wunder glauben Millionen Menschen. Warum soll also ein Bild nicht die Augen bewegen können? Das ist im Vergleich mit den Taten des Wasserläufers ein Kinderspiel.

Monika hat mir das Bild geschenkt und nichts dafür gewollt. So ist sie. Wenn der Wind zu gemein vom Fluß rüberpfeift, dürfen wir unser Bier sogar in ihrem Laden trinken.

Die Kumpel wollten natürlich wissen, warum ich so scharf auf das Bild war.

„Ich kenne das Mädel", sagte ich, weil mir nichts Besseres einfiel.

Keiner lachte über diese blöde Antwort. Dabei lachen wir viel bei Monika. Freilich nicht über uns. Das gibt's nicht.

Nun hing das Bild in meiner Küche. Randolf besuchte ich nicht mehr.

Ich wollte, daß die Schwarzhaarige immer mal die Augen verdrehte. Dann hätte ich eine Attraktion und könnte das Bild an die Kirche verkaufen. Die sammeln ja Wunder. Aber Madeleine guckte immer an mir vorbei. Ich weiß jetzt auch, warum. Denn es ist ja eigentlich gemein von mir. Sie gehört Randolf. Einem Kumpel die Frau wegnehmen ist brutal. Das habe ich früher nicht getan und tue es auch heute nicht.

Aber Monika wollte das Bild nicht zurück. Was sollte ich damit tun? Auf den Müll werfen? Die Frau von meinem Kumpel? Ich stellte sie zuerst auf den Dachboden und dachte: Madeleine ist zu Besuch bei dir. Aber zu Besuch auf dem Boden? Nun steht sie hinter meinem Bett.

Dort kann sie aber auch nicht bleiben.

Man wird manchmal was einfach nicht los, was man eigentlich ganz einfach loswerden könnte. Meine Frau bin ich schnell losgeworden. Die trug auch nie ein blaues Kleid. Immer nur rot und gelb. Ich bin froh, daß sie weg ist. Eine Frau, die nie ein blaues Kleid anzieht, ist nichts für einen Mann wie mich.

Margret Feldkamp
Im Abseits

Bürste die Jacke
flicke den Rock
Verbirg die Risse
in Deinen Schuhen
Schiene die Knie
stemm Deinen Packen
wische den Schweiß
Dir von der Stirn
heb sie empor
trotzig voran
Zupfe die Lippen
zum Lächeln zurecht.
Denn Macht baut ihre Türme
auf den Knochen der Schwachen.

Asta Scheib
Kundinnen

Als die Tandlerin zufällig aus dem Schaufenster einen Blick hinaus auf die Straße warf, sah sie, wie zwei Mädchen vor dem Laden standen und sich über die Auslagen lustig machten. Jedenfalls schien es ihr so. Sie bliesen die Backen auf wie die Puttenköpfe, die die Tandlerin mit viel Glück auf der Trödelmesse in Wien erstanden hatte, alte, seltene. Aber was konnten diese aufgeblasenen jungen Dinger vor ihrer Scheibe schon wissen, von wirklichen Raritäten, die einen alten Trödelladen zu einer wichtigen Institution machen konnten. Sogar Ausstatter vom Film sahen sich jetzt immer häufiger um bei ihr, und schon oft hatten sie hier altes Geschirr und alte Kleider gefunden, nach denen sie woanders vergeblich gesucht hatten.

Sie wußte ja selber, daß ein Trödelladen ein Trödelladen war und nicht konkurrieren konnte mit den Antiquitätenläden in den großen Straßen, doch wenn jemand verächtlich auf ihren Laden schaute, dann spürte sie diese Verachtung so tief, als gelte sie ihr selber, dann litt sie fast gegen ihren Willen, als sei der Laden ihr Kind, das mit dieser Verachtung betrachtet würde, benachteiligt und herabgesetzt. Wieder sah sie aus dem Schaufenster. Diese dummen Gänse! Was bildeten sie sich bloß ein! Wieso machten sie sich lustig über die Auslagen, die sie erst gestern so liebevoll aufgebaut hatte. Und wie die aussahen! Besonders die mit dem schwarzen Pagenkopf, die hatte sogar einen silbernen Ring durch die Augenbraue gestochen. Allein bei der Vorstellung, wie sich das anfühlte, konnte einem schon schlecht werden! Das andere Mädchen war blond, sie hatte auch jede Menge Ringe, aber an den Ohrmuscheln, bestimmt zehn Stück. Wer sich selbst derart verunstaltete, hatte schon lange nicht das Recht, sich über ihren Laden zu mokieren. Hoffentlich würden sie bald verschwinden, sich mit ihren Rollschuhen aus dem Staub machen.

Doch die Mädchen glitten lautlos in den Laden, und die Tandlerin beschloß, sie erstmal zu übersehen. Ihre Laune war ohnehin nicht die beste wegen des schlechten Geschäfts, und die Mädchen hatten ihre Stimmung auf den Tiefpunkt gebracht.

Sie hatte damit begonnen, ihre Fingernägel zu feilen. Das tat sie gern, wenn sich keine Kunden einfanden. Sie überlegte schon lange, ob sie ihren Laden künftig nur an zwei Abendstunden öffnen sollte. Zahlungskräftige Kunden kamen immer seltener – und wenn, dann eher abends. Tagsüber kamen höchstens mal solche wie die beiden Gören da, die affig und überheblich waren, den Laden durcheinanderbrachten und ihr die Zeit stahlen. Aus den Augenwinkeln betrachtete sie die beiden. Etwa sechzehn mochten die sein. Sie trugen die gleichen kurzen Jeansoveralls und beim Anblick der prallen Pobacken am Ende der gebräunten Beine wurde das Gesicht der Tandlerin noch abweisender. Sie ärgerte sich über das selbstgefällig, arrogante Benehmen mit dem sie anderen weismachen wollten, daß ihnen die Welt gehörte.

Babsi sah als erste die Ablehnung im Gesicht der alten Frau. Wut stieg in dem Mädchen hoch, wie so oft. Diesen Blick hatten sie alle, Mütter, Tanten, Lehrer – all das Friedhofsgemüse. Dabei wußte Babsi, daß auch ihre Mutter alles dafür geben würde, wenn sie mit nackten Beinen lautlos durch die Stadt düsen könnte. Und die Alte hier im Laden genauso. Sah aus wie ihre Mutter oder Oma, egal. Gefeilte Fingernägel, aber im Dirndlausschnitt eine Haut wie Pergamentpapier. Babsi sah Meike an, die Freundinnen dachten dasselbe: Wenn wir so alt sind wie die – würg – nur nicht daran denken.

Laut sagte Babsi zu Meike: „Sie kann uns nicht leiden."

Meike, die dabei war, in einem Haufen von Kleidern zu stöbern, die in einer Ecke gleich neben der Tür lagen, nickte bestätigend. „Laß die Klamotten," sagte die Tandlerin scharf, „die hab ich noch nicht ausgezeichnet."

„Warum machst du das denn nicht, du faule Sau." Meike sagte es leise und höflich, so daß der Tandlerin ob dieser so sanft geäußerten Frechheit erst einmal der Mund offenblieb.

„Du siehst doch, sie muß erst ihre Fingernägel richten, das ist ihr wichtiger als die Kundschaft." Babsi gab sich Mühe, Meikes höflichleisen Tonfall nachzuahmen. Beide kannten diese Sprechweise aus Kriminalfilmen, und sie fanden es immer wieder erstaunlich, wie leicht man damit Leute auf die Palme bringen konnte.

Die Mädchen machten sich jetzt daran, den herumstehenden Trödel zu inspizieren. Sie begannen, vom Kleiderständer Klamotten anzuziehen, Meike kramte in den Schmuckvitrinen, tat, als wolle sie Ketten und Armbänder anlegen, pfefferte sie dann aber angeekelt in die Ecken.

„Kundschaft? Unverschämt seid ihr! Ungezogene Rotzgören! Asoziale!“ Die alte Frau schoß jetzt hinter ihrem Tresen hervor, an ihrem Hals schwollen die Adern dick an. Sie wollte die beiden Mädchen aus dem Laden drängen, doch sie beachteten sie gar nicht. „Wir sind Kundinnen,“ murmelte Meike höflich, „Wir wollen in Ihrem schönen Laden einkaufen.“

„Macht, daß ihr rauskommt!“ Die Ladenbesitzerin schrie jetzt. „Raus! Ihr schmeißt hier nur alles herum und macht einen Riesenverhau! Und mit den depperten Rollschuhen verkratzt ihr mir meinen Fußboden. Raus!“

Die alte Frau riß an Babsis und Meikes Overalls, wollte die Unverschämten zur Ladentür zerren. Doch die Mädchen waren kräftig, sie schubsten die Tandlerin ziemlich unsanft zurück in ihre Ecke. Meike hob ihr Bein und zeigte auf die Rollen an ihren Füßen. „Das sind Inline-Skaters, du alte Mutter, nix für deine Generation. Wetten, daß du keinen Meter damit fahren könntest?“ Und Babsi setzte freundlich hinzu: „Du würdest dir sofort deine überkronten Vorderzähne ausschlagen.“

„Jetzt reichts mir, ich ruf die Polizei! Das ist Hausfriedensbruch! Ich zeig euch an!“ Die alte Frau wollte aufspringen, zum Telefon, das auf einem Hocker stand. Sofort setzte sich Meike auf den Apparat, kreuzte die Arme vor der Brust und lächelte herausfordernd. „Na – nun versuch doch mal zu telefonieren.“ Es war für Babsi ein Leichtes, die zierliche Frau, die sich auf Meike stürzen wollte, festzuhalten. Sie packte sie am Arm und dirigierte sie durch einen schmalen Eingang ins Hinterzimmer.

Erst jetzt spürte die Ladenbesitzerin, daß ihr die Situation aus der Hand geglitten war.

Ihr, der selbstbewußten, niemals zaudernden, lebenserfahrenen Frau, die sich niemals hätte träumen lassen, daß sie in ihrem eigenen Laden, den sie vor zwanzig Jahren als ihr Reich aufgebaut hatte, von zwei frechen Rotznasen am Arm gepackt und ins Hinterzimmer gestoßen würde. Gerade hier in der Klenzestraße hatte sie sich immer sicher gefühlt, alles voller Läden, rechts, links, gegenüber. Sie kannte alle. Niemals wäre sie auf die Idee gekommen, daß ihr hier, in ihrem Laden etwas passieren könnte. Mit den schwierigsten Kunden war sie immer noch fertig geworden, hatte sie notfalls aus dem Laden geworfen. Erst jetzt, wo sie schon im Hinterzimmer hockte, machte sie sich klar, daß sie den beiden Mädchen völlig ausgeliefert war, daß sie hier niemand hören, ihr helfen konnte. Sie fühlte, wie sich in ihr alles zusammenzog, nur noch ein diffuses Gefühl von Verantwortung für den Laden blieb ihr. Auf einmal schien sie untrennbar verschmolzen mit dem Laden, der ein Stück ihres Lebens, seit einiger Zeit ihre ganze Existenz war.

Dann aber schien alles zu versinken. Ihr Schicksal würde sich jetzt vollziehen, jäh und ausweglos. Sie wußte es mit einemmal und glaubte es doch nicht.

Regungslos saß sie da, es war still um sie herum. Die Zeit verrann. Sie machte einen Versuch, mit den Mädchen zu reden, doch während sie sprach, wußte sie, daß sie nicht die richtigen Worte finden würde. Plötzlich wußte sie, daß es keinen Ausweg gab. Ihre kurze Frist war abgelaufen. Trotz dieser Gewißheit hörte sich die alte Frau sagen: „Was wollt ihr denn von mir. Ich hab euch nie etwas getan. Geht nach Hause und ich vergeß das Ganze."

„Sie hat 'Asoziale' gesagt, Meike, zu uns. Sie wollte uns rausschmeißen aus ihrem Laden. Steht darauf die Todesstrafe?"

„Mindestens", antwortete Meike kühl. Sie trug über ihren Shorts eine alte Kniebundhose aus Leder, das Prachtstück aus der Auslage. Trotz ihrer Ahnung von der Unerbittlichkeit des Schicksals, fuhr die alte Frau hoch, wollte an der Hose zerren und merkte zu spät, daß sie sich noch tiefer in ihr Unglück verstrickte. „Die Hose kostet fünfhundert Mark! Ihr habt ja keine Ahnung! Die ist ein seltenes Stück!" Aber schnell spürte sie, daß sie mit ihren Worten nichts ausrichten konnte. Leise und mutlos fügte sie hinzu: „Außerdem ... ich habe sie meinem Neffen versprochen."

Die Worte der Alten kamen den beiden Mädchen gerade recht: „Deinem Neffen, wie süß! Der würde sich ja soo freuen ...", sagte Babsi gedehnt, als würde sie nachdenken, „dein Neffe, – das ist sicher ein Idiot."

Meike betrachtete sich wohlgefällig im Spiegel. Die Hose stand ihr tatsächlich auf eine groteske Weise gut. Meike war ein hübsches Mädchen, braungebrannt, mit hellen Strähnen im blonden Haar. Der Overall zeigte viel von Meikes gebräuntem, drahtigen Körper, die hohen, festen Brüste drückten sich durch den Stoff des knappen T-Shirts. Meike war stolz auf ihren Körper und trug ihn aufreizend zur Schau. Meike und Babsi lächelten sich kurz zu.

Ein letzter, rettender Gedanke schoß der alten Frau jetzt durch den Kopf. Sie nahm alle ihre Kräfte zusammen, riß sich los, drängte an den Mädchen vorbei, zurück in den Laden, Richtung Telefon. Sie wollte schreien, um Hilfe schreien. Nur eins konnte sie jetzt noch retten. Mit einem kurzen Blick oben auf das Glasregal wollte sie sich vergewissern, ob sie noch eine letzte Chance hatte – aber da stand Babsi plötzlich vor ihr, die Pistole auf sie gerichtet. Das Stück blauer Samt lag noch oben, eine Ecke hing vom Glasbord herunter.

An dem starren Blick der alten Frau mußte Babsi wohl erkannt haben, daß die Pistole geladen war. Sie trat einen Schritt auf sie zu, hielt ihr jetzt die Waffe an die Schläfe, ganz so, wie sie es im Film schon hundertmal gesehen hatte.

Zuerst wollte Babsi der alten Frau nur drohen, sich ein bißchen stark und allmächtig fühlen. Sie sah ihrer Freundin an, daß die alles für einen großen Spaß hielt. Doch der Gedanke, daß sie die Tandlerin erschießen könnte, einfach erschießen, tauchte in ihr auf und sie begann, die Möglichkeiten des Erschießens gegen die des Nichterschießens abzuwägen. Soll ich? Soll ich nicht? Es erschien Babsi durchaus nicht in Ordnung, jemanden zu erschießen, aber in diesem Moment der Gereiztheit, der Langeweile, der Wut gegen die alte Frau und ihren Laden, in diesem Augenblick äußerster Leere wollte Babsi plötzlich etwas Großes tun, etwas ganz Ungewöhnliches, etwas, was diese alte Mutter, was alle anderen alten Mütter sich nicht vorstellen konnten.

Tu ich es nicht? Tu ich es doch? Die Wahrscheinlichkeit, daß Babsi die alte Frau erschießen könnte, wurde ihr immer vertrauter, natürlicher. Warum sollte sie eigentlich nicht schießen?

Sie häuften die alten Kleider hoch auf die Tandlerin. Und Meike, als schämte sie sich, daß nicht sie es war, die geschossen

hatte, holte ihr Feuerzeug aus der Hosentasche und hielt es sorgfältig lange an der Berg aus Stoff.

So passierte, was die beiden Mädchen nie für möglich gehalten hatten, aber jetzt akzeptierten sie es als verdiente Strafe für eine alte Frau und ihren Trödelladen. Sie standen schon wieder draußen auf der Straße, vor dem Schaufenster, als betrachteten sie die pausbäckigen Putten, die üppigen Charivari, die bemalten Maßkrüge und die Spazierstöcke, als ein alter Mann heranhinkte. Die Mädchen sahen noch, wie er in den Laden hineinging, dann fuhren sie lautlos davon. Nicht eilig, aber schnell, wie immer.

Als später im Radio die Nachricht zu hören war, daß in der Klenzestraße ein Mord passiert und ein Laden abgebrannt sei, riefen die Mädchen bei der Polizei an. Als sie an dem Laden vorbeifuhren, so sagten sie dem Beamten, hätten sie einen alten, hinkenden Mann gesehen, der in den Laden hineingegangen sei.

Jürgen Jankofsky
Drumming

Verrückt, aber nach einem stinknormalen Bürotag stoppte ich an einem Musikgeschäft und kaufte mir kurzentschlossen ein Schlagzeug. Weder wußte ich damit umzugehen, noch wo ich solch ein Instrument zu Hause aufbauen könnte. Ich würde Möbel umstellen oder den Keller ausräumen müssen. Argwöhnisch beobachteten Nachbarn an jenem Abend, wie ich Kisten und Schachteln in meine Einraumwohnung schleppte, eine Menge Kisten und Schachteln.

Immer öfter hatte ich in letzter Zeit bemerkt, daß es in meinen Armen und Beinen urplötzlich rhythmisch zu zucken begann oder ich mit den Fingern auf Tischplatten oder Stuhllehnen trommelte. Dazu mußte keinerlei Musik aus Radios, Hifi-Anlagen oder dergleichen quellen, nein, alles, was ich an Begleitung brauchte, hörte ich in mir, tief in mir.

Drumming, yeah, eindreschen auf Alltagstrott und Verdrängung, auf Unterwürfigkeit und Frust.

Kleine Trommel, als erstes packte ich die kleine Trommel, die *snare drum*, aus, spannte sorgfältig und genau nach Beschreibung den Federsatz übers Resonanzfell, klappte den Trommelständer auf und klemmte die Trommel hinein. Standsicherheit. Und dann nahm ich die Trommelstöcke zur Hand und tippte vorsichtig aufs Schlagfell. Ja, klang gut.

Als die *Beatles* ihre Songs in die Welt sandten, hatte mir Großvater zum Geburtstag ein Schlagzeug schenken wollen. Mein Vater aber war strikt dagegen. Negermusik! Und wie die aussehn! Mit Schulfreunden versuchte ich damals unsere Idole zu imitieren. Musik vom Tonband, und wir hantierten inbrünstig mit Pappgitarren und Papptrommeln, sangen stumm in Pappmikrofone. Langweilig bald, zumal sich andere Jungen mit richtigen Instrumenten zu präsentieren begannen.

Seinem Erzählen nach muß Westphal, mein Chef, so (obgleich Jahre später natürlich) erste Erfolge eingeheimst haben. Kreischende Fans, Groupies und Gelage. Westphal liebte es (sogar in Dienstberatungen) Anekdoten aus seinem *Musikerleben einzuflechten.* Allerdings habe er das *Bühnengehopse* alsbald gegen einen Platz hinterm Mischpult und diesen schließlich gegen *das Management* eingetauscht.

Tom-Toms, auch *Röhrentrommeln* genannt: die beiden kleineren verband ich durch ein verchromtes *T-Stück*, an das größere schraubte ich Chrombeinchen.

Könnte mich meine Frau (Ex-Frau eigentlich) so sehen, würde sie wohl noch nachträglich einen Absatz in ihre Scheidungsklage einfügen lassen. Gut, ich hatte gesoffen, und nicht zu knapp. Zwar machte mir Alkohol Herzschmerzen, zu viele Abende ohne zu saufen aber trieben mich in Depressionen, und aus depressiven Phasen vermochte ich mich nur durch Alkohol zu befreien ... Nie wieder würde ich im Staatsdienst unterkommen können, nicht mal als Heizer, Pförtner oder Kantinengehilfe (womit nichts gegen diese Berufsgruppen gesagt sei), nie wieder: Entlassen *wegen zu großer Staatsnähe*, wie das so schön hieß. Ewiges Jobgesuche (als wäre man einschlägig), Umschulungen, erniedrigend, brutal.

Drumming, yeah, eindreschen auf Hoffnungs- und Perspektivlosigkeit, auf Ungerechtigkeit und Schmerz, einschlagen des Abends, abendelang zumindest, auf den Tag.

Hi-Hat, als nächstes bastelte ich die Hi-Hat, die Beckenmaschine, zusammen: Ineinanderstecken von Gestänge, Einhaken des Pedals, Aufschrauben der Beckenhalterungen, Einpassen der beiden kleinen Becken, präzise gegeneinander, zu guter Letzt. Na bitte, klappte doch tadellos.

Fast hatte ich die Suche nach Arbeit schon aufgegeben, war drauf und dran selbst Schreiben des Arbeitsamtes, mich da und dort und pünktlich vorzustellen (was brachte das denn außer Fahrtkosten und totgeschlagene Zeit) zu ignorieren, fürchtete dann aber um meine Arbeitslosenhilfe und kam so zu Westphal: *Projektplanung, -beratung und -abwicklung, Personalvermittlung, -leasing und Zeitarbeit GmbH & Co KG.* Jobben könne ich hier bis zur Rente, hatte Westphal beim Einstellungsgespräch getönt, richtige Einstellung und Leistung selbstredend vorausgesetzt. Tatsächlich konnte ich es eine ganze Weile nicht fassen, in dieser offensichtlich florierenden Firma auf der Gehaltsliste zu stehen (wenn auch aller Wahrscheinlichkeit nach weit unten).

Hell klang das große Becken, als ich es erstmals anschlug. Kein Problem, die goldglänzende Metallscheibe auf den zugehörigen, ausklappbaren Ständer zu plazieren.

Schröder, mein Nachbar zur Rechten trommelte bereits gegen die Wand, als mein Schlagzeug noch nicht mal vollständig aufgebaut war. Blödmann. Sein Fernseher hingegen lief meist so laut, daß ich alles Elend dieser Welt (einschließlich volkstümlicher Hitparaden) mit anhören mußte.

Noch fehlte die große Trommel, die bass drum. Das beeindruckendste Teil hatte ich mir bis zum Schluß aufgehoben. Zwillings-Tom-Toms aufgesetzt, Fußmaschine angeklemmt, Felle justiert, satter, drückender Ton, ja so ist's recht, und endlich all die anderen Teile um die große Trommel gruppiert, snare drum, Hi-Hat, Becken, Tom-Tom, Hocker dazu und los, ja endlich los, *drumming, yeah.*

Am nächsten Tag im Büro klopfte mir Westphal väterlich auf die Schulter und meinte, ich wirke in letzter Zeit irgendwie ausgeglichener. Neue Freundin? Na, nichts für ungut. Weiter so!

Schröder und andere Nachbarn hingegen nahmen mein neues Hobby entschieden anders auf. Gehämmere an Wände, Fußboden und Decke (nicht selten im Rhythmus meines Spiels, zuweilen auch kontrapunktisch) folgten Beleidigungen im Treppenhaus oder wo man sich sonst so traf, lautstark versteht sich. Und keinesfalls trugen Entgegnungen meinerseits, inwiefern sich denn das, was ich täte, vom Freizeitverhalten anderer unterschiede, Joggen oder Bodybuilden, geschweige denn nächtelang Feten, zur Beruhigung der Lage bei. Im Gegenteil. Und selbst nachdem ich schließlich im unwirtlichen Keller übte, schien der Hausfrieden nicht wieder herstellbar.

Dafür war Westphal bester Laune. Er traktierte uns Angestellte mit seinen Anekdötchen. Wie er bei einem Konzert versehentlich verschiedenfarbige Socken trug und dies am nächsten Tag im Tourneeort Mode geworden sei beispielsweise. Natürlich gehörte ich nicht zu denen, die danach beifällig auflachten. Dennoch meinte ich allmählich, mich an Westphals Art gewöhnen zu können. Er war der Chef und basta.

Eines Morgens herrschte im Büro jedoch heilloses Durcheinander. Westphal hatte sich abgesetzt, uns verhörten Kripobeamte während Steuerfahnder Akten und Computer beschlagnahmten und Räume versiegelten. Das war's dann also mit der *Projektplanung, -beratung und -abwicklung, Personalvermittlung, -leasing und Zeitarbeit GmbH & Co KG.* Ich war wieder arbeitslos.

Drumming, yeah, beruhigen, besänftigen dieses Zucken in Armen und Beinen, yeah, beschwichtigen dieses Zucken im Kopf, *drumming, drumming...*

Vielleicht hatte ich an jenem Abend intensiver und lauter gespielt, gut möglich. Als ich aus dem Keller kam wurde mir eine Decke über den Kopf geworfen und augenblicklich auf mich eingedroschen. Keine Chance, mich zu wehren. Die Schläge schienen von überallher und wie aus dem Nichts zu kommen, harte, schwere Schläge. Und so sehr fühlte ich mich getroffen, daß ich weder zu schreien, noch um Hilfe zu rufen vermochte.

Danach ging ich in die Kneipe. Und als ich am nächsten Morgen erwachte, war ich mir nicht sicher, ob sich da wirklich eine neue Chance aufgetan hatte. Hatte mir die Brünette, die mich irgendwie an meine Frau erinnerte und zum besten gab, Projektleiterin in einem nahen Heim zu sein, tatsächlich angeboten, eine Seniorenkapelle aufzubauen? Immerhin entdeckte ich, daß ich eine schwarze und eine grüne Socke anhatte. Verrückt.

Klaus F. Schneider
Dichter im Lesesaal

was hat der hier verloren ...
zeitschriften hochstapler
ManuskrAkz
ente?ndl
Text + zifix
spukender prudenzler
paragrafenfun
tome und foliantenfledderer
sekundiert von wiederkäuenden dizinern
ologen odäten und konomen
ackernd kopfüber
im dunstkreis der lotionen.

Anatol Regnier
Es lebe die Kunst!

Oper oder Theater sind zu Ende. Das Publikum strömt ins Freie und bildet eine schwarze Kulisse vor den Schaufenstern der Maximilianstraße. Ein naßkalter, unangenehmer Wind weht von der Isar herauf. Damen schlagen den Mantelkragen hoch, drücken das Handtäschchen fester an sich und drängen den Partner, den Nachhauseweg anzutreten oder in Stätten bayrischer Gastlichkeit Zuflucht zu suchen, die das Leben in München so lebenswert machen.

Müde und ausgelaugt kommen Orchestermitglieder aus der Seitentür des Opernhauses – die Arbeitstiere des städtischen Musiklebens, beamtet, pensionsberechtigt, aber ständig unter Streß. Vor zehn Minuten erreichten sie den Schlußakkord von „Cosi fan tutte“, sie wissen, was sie geleistet haben. Jetzt schnell nach Hause oder auf ein Bier. Instrumentenkästen in der Hand oder geschultert, bahnen sie sich ihren Weg durch die Sehnsüchtigen und Träumer, die hier trotz der Kälte auf die vergötterten Sänger warten.

Der Radfahrer, der gerade vorbeikommt, spürt die Kälte nicht. Er ist in Eile. In der Residenzstraße weicht er den Autos aus, die unentwegt aus der Tiefgarage heraufrauschen, dann durchfährt er die verkehrsberuhigte Zone und lehnt sein Rad an die Mauer zwischen Pfälzer Weinstube und Hofgarten, von wo aus der Odeonsplatz, die Feldherrnhalle und die Theatinerkirche gut zu überblicken sind. Wenn er schnell macht, kann er den Menschenstrom noch erwischen.

Tasche abstellen, Rucksack vom Rücken, Gitarre raus. Kabel in die Buchse, ein Handgriff, tausendmal gemacht. Auf den Verstärker setzen, Gitarre aufs Knie, den flachen Tonabnehmer mit Knetgummi auf die Gitarrendecke kleben. Die Leute müssen die Musik rechtzeitig hören, sich darauf einstellen, sonst gehen sie vorbei. Das weiß er aus Erfahrung.

„Tänze der Renaissance" – simple Stücke, „Anonym" überschrieben. Er hat sie vor Jahren in einem Heft entdeckt und spielt sie seitdem gerne zur Eröffnung. Sein Körper ist verschwitzt, die Hände sind kalt und steif vom Radfahren – in solchem Zustand sind auch einfache Stücke nicht leicht hinzukriegen. Aber es gelingt ihm. Ist ihm immer gelungen. Die Linke greift sauber, Akkorde, Triller und Verziehrungen kommen einwandfrei. Schon fliegen erste Geldstücke in die Schachtel. Aber niemand bleibt stehen.

Wahrscheinlich ist es einfach zu kalt.

Der Verstärker klirrt. Er bräuchte dringend ein Gitarre mit eingebautem Mikrofon. Diese Aufklebedinger taugen nichts. Er verteilt den Knetgummi noch einmal sorgfältig auf dem zehnpfenniggroßen Knopf, rückt ihn auf der Gitarrendecke hin- und her, schlägt ein paar Töne an. Es kommen Leute, und wer nichts hört, gibt nichts.

„Guardame las Vaces", Variationen von Luys de Narvaez, Spanien, um 1540. Jeder Gitarrist kennt sie, und mit einer sicheren Technik bewältigt man sie ohne große Mühe; man muß Läufe spielen könne und locker sein, das ist alles. Aber die Gitarre ist ein teuflisches Instrument – die kleinste Verkrampfung und schon wird der Ton spröde und man verfehlt die Saiten.

Nicht so hier: Im unruhigen Schein der Ampelanlage erklingen die Läufe so glatt und rund wie man es sich nur wünschen kann. Das macht der Daumen-Zeigefingeranschlag der Barocklautenisten – letzten Sommer hat er ihn auf einem Kurs gelernt und seitdem zielstrebig weiter entwickelt.

Erstaunlich, wie das wechselnde Licht die Kulisse verändert.

Kälte hin, Kälte her – daß niemand stehenbleibt enttäuschend. Man muß doch hören, daß hier ein Könner sitzt! Übergangslos stürzt er sich in die Courant aus Bachs dritter Cellosuite. Er spielt sie schnell, motorisch, sauber. Der Verstärker arbeitet einwandfrei, die Töne brechen sich an den hohen Mauern, hämmern über den Platz.

„Hör mal, wie gut der spielt! Das muß ich sehen!" sagt ein Mann in einer Lederjacke zu seiner Begleiterin. Er eilt ihr voraus, bleibt vor dem Gitarristen stehen, schaut ihm interessiert auf die Finger. Die Frau, in Kopftuch und Mantel, stellt sich neben ihn.

„Wo haben sie das gelernt?“

„Auf der Straße, auf Reisen, überall eigentlich.“ Er mag solche Fragen nicht. Wo wird er es gelernt haben? Auf dem Konservatorium natürlich.

„Ist Ihnen nicht zu kalt?“

„Ab vier Grad kann ich spielen. Sie sehen ja, daß es geht ...“

„Sehr gut sogar. Bravo! Was spielen Sie jetzt?“

Was soll er spielen? Ein Flamencostück? Nein, die Zuhörer scheinen Anspruchsvolleres zu vertragen. Zwei weitere Frauen sind stehengeblieben. Umringen ihn erst einmal drei, vier Leute, wird der Kreis schnell größer.

„Eine Suite von Sylvius Leopold Weiss, Zeitgenosse und Freund von Bach.“

„Wie schön! Ich kenne den Namen,“ sagt der Mann in der Lederjacke.

Er spielt das Präludium schneller als gewöhnlich – das neugewonnene Publikum soll sich nicht langweilen. Sylvius Leopold Weiss ist nicht jedermanns Sache: notorisch vertrackt, undankbar, für viele Gitarristen zu schwer. Doch es scheint zu klappen: Noch ein paar Menschen bleiben stehen. Die Allemande, gespickt mit Sekundintervallen, verlangt große Fingerspreizung, aber er hat sich warm gespiet, ist seiner Sache vollständig sicher.Der Mann in der Lederjacke lauscht hingegeben. Die Frau schmiegt sich an ihn.

Gavotte I und II – gefällig, vollmundig, rustikal. Der Pieker läßt die Puppen tanzen, der Rhythmus federt, Akzente kommen millimetergenau. Der Mann in der Lederjacke kramt einen Zehnmarkschein heraus, hebt anerkennend den Daumen. Aus der Residenzstraße erscheint eine Gruppe junger Leute. Der Gitarrist schließt die Augen und gibt sich der Musik hin. Als er sie öffnet, sieht er den Mann mit der Lederjacke, den Arm um die Frau gelegt, in Richtung Dinerstraße davongehen. Andere steigen gerade in ein Taxi. Die jungen Leute sind vorbeigegangen. Ein Taubenschwarm fliegt auf.

Er spielt die Sarabande, ein klingendes, stolzes Musikstück, das er besonders liebt und beendet sie mit einer improvisierten Kadenz voll unerwarteter Wendungen – mit solchen Kunststücken hat er seiner Zeit den Professor verblüfft. Der böige Wind treibt feine Tropfen vor sich her. Der Platz ist leer. Genug für heute. Es hat keinen Zweck. Ach, nein – noch den kleinen südamerikanischen Walzer, nur so, zum Spaß. Er hat ihn als Kind oft gespielt, und seitdem ist er ihm in Fleisch und Blut übergegangen. Seine Finger tanzen über das Griffbrett, das A auf dem siebzehnten Bund (auch von Berühmtheiten oft verpatzt!) bewältigt er ohne Aufhebens. Er hätte eben früher kommen müssen – nun ja, es hatte geregnet...

Verstärkerausschalten, Stecker raus, Tonabnehmer lösen, Kabel zuammengerollt in die Anoraktasche, Gitarre in den Rucksack – vorsichtig, denn neulich ist ihm das ganze Paket vom Rad gefallen. Kassensturz. Sechsundzwanzig Mark fünfzig. Es geht – ohne den Zehnmarkschein allerdings dürftig.

Langsam fährt er durch den Hofgarten, vorbei am dunklen, verschlossenen Herkulessaal, in dem er so oft den großen Segovia gehört hat. Mein Gott, das waren Zeiten! Jeder Platz besetzt, knisternde Spannung und atemlose Stille wenn der leise Meister das Podium betrat, sich umständlich setzte, über die Gitarre beugte, beiläufig über die Saiten strich und anhub, mit seiner Musik die schönsten, farbigsten Geschichten zu erzählen. Unvergeßlich, wie er den letzten Ton wegwischte! Zerplatzen ließ wie eine Seifenblase, dann langsam aufstand und sich unter Jubelrufen verbeugte – ein beleibter älterer Herr mit dicken Brillengläsern der tat, als sei nichts gewesen. Wie hat er den Konzerten entgegengefiebert, Segovia, mehr geliebt als Vater und Mutter. Und doch: Die Suite von Sylvius Leopold Weiss hätte auch Segovia nicht sauberer gespielt – und den südamerikanischen Walzer etwas langsamer genommen.

In der Maximilianstraße dirigiert ein livrierter Hotelangestellter einen Jaguar in die Einfahrt der „Vier Jahreszeiten“. Der Verkehr hat sich beruhigt, Fußgänger sind kaum zu sehen. Eine Kleinigkeit essen, vielleicht ein Glas Wein trinken?

Er lehnt sein Rad an einen Laternenmasten vor einem Lokal, in dem Schauspieler, Regisseure, Journalisten und interessiertes Publikum treffen. Der dicke Wollvorhang hinter der Tür ist mit der Gitarre auf dem Rücken nicht eben einfach beiseite zu schieben. Stimmengewirr dringt ihm entgegen. Rauchende, schwatzende Menschen an jedem Tisch. Kellner balancieren Tabletts. Die plötzliche Wärme läßt seine Brille beschlagen. Er kramt nach

HOTEL

einem Taschentuch und beschließt seinen Rückzug. Er müßte sich irgendwo dazwischendrängen, wüßte nicht, wohin mit der Gitarre. Zu mühsam, zu anstrengend und – letzten Endes – zu teuer.

„Schau mal", sagt ein Mann zu einer Frau, „da ist der Kerl, der vorhin so gut gespielt hat. Wer ist das wohl?"

Der Gitarrist ahnt nichts von dem flüchtigen Rätsel, das er den Gästen aufgegeben hat. Der Wind treibt feinen Regen durch die Straßen, und bevor er über die Brücke fährt, verstaut er seine Brille in der Brusttasche. Beim Maximilianeum muß er kräftig treten und dann noch eine gute Viertelstunde fahren bis er sein Fahrrad im Hausflur abstellt, in dem es immer noch nach Kohle riecht, obwohl schon viele Jahre eine Zentralheizung eingebaut worden ist – an Abenden wie diesen ist er darüber übrigens sehr froh.

Das vorhin eilig ausgezogene Hemd hängt über der Stuhllehne, auf dem Tisch liegt das angefangene Arrangement einer Cimarosa-Sonate. Er setzt Teewasser auf, schneidet Brot, holt Butter und Tomaten aus dem Kühlschrank und schaut nach dem Schößling der Schneerose, den er heute früh entdeckt hat. Wie schnell der wächst! An der Fensterscheibe läuft Wasser herab, durch eine Ritze pfeift der Wind.

Sein Schlafzimmer ist ungeheizt – nicht aus Sparsamkeit, sondern weil er es so mag. Als er sich zurechtkuschelt, ist die Bettdecke weich und kühl. Das eine Knie hat er wie immer draußen. Morgen wird vielleicht alles besser.

Chris Brohm
Der Tod im Tank

Der Indische Ozean lag bleischwer und träge. Blutigrot ging die Sonne auf, es versprach, ein warmer Tag zu werden. Ein Tag wie viele andere an Bord der SEA RIDER, ein Tag voller Routine, nichts deutete auf das drohende Unheil hin.

Die SEA RIDER war ein Supertanker unter Panamaflagge. Sie hatten vor vier Wochen eine volle Ladung Rohöl in Curacao gelöscht und befanden sich jetzt auf der Ballastreise zum Persischen Golf.

Kapitän Hombeck, sein 1. Offizier Wolters und der Chief Ingenieur Möller saßen in der Offiziersmesse beim Frühstück. Schweigend. Die drei Männer waren die einzigen Deutschen auf dem Schiff, die übrige Besatzung bestand aus Philippinos. Ein deutscher Reeder, eine billige Flagge, billige Arbeitskräfte.

Wolters hatte schon vier Stunden Brückenwache hinter sich. Er war ein Mann in den Fünfzigern mit verlebtem Gesicht und herabhängenden Mundwinkeln. Auf seiner Stirn glänzte Schweiß. Er sah müde aus und stocherte mißmutig in den Rühreiern herum.

Der Kapitän schlürfte genüßlich seinen heißen Kaffee und beobachtete ihn aus den Augenwinkeln. Hombeck, mit 33 Jahren noch jung und dynamisch, fuhr seit zwei Jahren als Kapitän. Er traute seinem 1. Offizier nicht. Ein Versager in seinen Augen ...

„Was steht denn heute auf dem Arbeitsprogramm?“ fragte er beiläufig.

Wolters ignorierte die Frage und wischte sich mit dem schmutzigen Taschentuch den Schweiß von der Stirn.

„Wann reparieren Sie endlich mal die Klimaanlage?“ motzte er Möller an, der ihm gegenüber saß.

Der Chief Ingenieur grinste gequält. „Sobald die Ersatzteile kommen, die ich vor drei Monaten bestellt habe.“

Jeden Morgen das gleiche Spielchen, Möller war es langsam leid. Der Kapitän und sein 1. Offizier standen auf Kriegsfuß.

Sollten die beiden sich behaken, soviel sie wollten, aber ihren Frust nicht an ihm auslassen. Er hatte auch so genug Ärger am Hals ... auf diesem Schrottdampfer. Alles mußte er selber machen. Seine Hände zitterten vor innerer Erregung, sie waren rissig und ölverschmiert.

Hombeck wurde dienstlich. „Ich habe Sie was gefragt."

Wolters haßte es, dem jungen Schnösel Rechenschaft abgeben zu müssen. Schließlich war er selber lange genug als Kapitän gefahren ...

„Die Crew macht weiter auf dem Bootsdeck. Der 1. Pumpmann und ein Mechaniker sollen das Hauptventil im Ladetank Nr. 2 Backbord reparieren."

„Ist der Tank auch gasfrei?" Möllers Retourkutsche, er wußte genau, daß sie den Tank gewaschen und gelüftet hatten. Wolters warf ihm einen bösen Blick zu und ersparte sich die Antwort.

„Seien Sie vorsichtig", mahnte der Kapitän. „Die meisten Unfälle auf Tankern werden durch Gas verursacht."

„Ich weiß." Wolters ließ abrupt die Gabel fallen und stand auf.

Die SEA RIDER näherte sich dem Äquator, und die Sonne brannte schon am frühen Morgen unerträglich heiß auf das Hauptdeck. Wolters stand mit dem Gasspürgerät an der Einstiegsluke zu Nr. 2 Backbord und nahm Luftproben aus dem Tank. Der 1. Pumpmann beobachtete ihn. Er hieß Toni, Anfang vierzig, ein erfahrerner Seemann, der seinen Job verstand.

Alfons, der Mechaniker, und der 2. Pumpmann Rolando schleppten eine Werkzeugkiste herbei. Fragend schauten sie auf den 1. Offizier.

„Okay", sagte Wolters und gab den Männern mit dem Daumen zu verstehen, daß sie sich an die Arbeit machen sollten.

Toni stieg als erster in den Tank, der junge Mechaniker folgte zögernd. Ein Job in der Maschine wäre ihm lieber gewesen. Rolando blieb als Sicherheitsposten oben an Deck.

Eine steile Eisentreppe führte die beiden Männer 28 Meter in die Tiefe. Roststreifen lösten sich unter ihren Füßen und klatschten dumpf auf den Tankboden.

Toni hatte bei Arbeiten in den Ladetanks immer ein mulmiges Gefühl. Es kam ihm jedesmal so vor, als müßte er in sein eigenes Grab steigen. Vor ein paar Jahren war ihm auf einem Tanker mal ein Stück des rostigen Geländers weggebrochen, um ein Haar wäre er abgestürzt ...

Wie ein Zeigefinger fiel der Sonnenschein durch die offene Luke und malte einen hellen Kreis auf den Tankboden. Dahinter wurde es dunkel. Wasser tropfte von den Schotten. Außen an der Bordwand rauschte das Meer vorbei ...

Schmierige Rosthaufen bedeckten den Tankboden, modriger Ölgeruch lag in der feuchten Luft. Eine Ahnung von Vergänglichkeit, Verwesung und Tod ... Alfons schüttelte sich.

„Achtung!" rief der 2. Pumpmann oben an Deck.

An einem Tampen schwebte die Werkzeugkiste herab. Der Mechaniker nahm sie in Empfang und löste den Knoten. Toni schaltete die Taschenlampe ein. Ihr schwacher Schein durchschnitt die Finsternis der angrenzenden Tanksektion und huschte über bizarre Stahlkonstruktionen aus Querschotten, und Längsträgern. Mühsam tasteten sich die beiden Männer über Spanten und Bodenwrangen zum defekten Hauptventil am hinteren Ende des Tanks.

Wasser schwabberte vor dem Schott. Etwa einen Fuß hoch. Eine ölige Brühe, die vom Tankwaschen übriggeblieben war.

Alfons hatte den Schaden schnell entdeckt. Die hydraulische Kupplung des Ventils war gebrochen und mußte erneuert werden. Eine Sauarbeit. Die Schrauben waren schwer zugänglich und total festgerostet. Mißmutig machten sich die Männer an die Arbeit. Schon nach kurzer Zeit waren ihre Overalls naß vom Schweiß, der ihnen in Strömen über den Körper lief.

Ein paar Mal rutschte Toni der Ringschlüssel aus der Hand, und er hatte Mühe, ihn im trüben Wasser auf dem Tankboden wiederzufinden. Er fluchte. Wie er diesen Job haßte! Zehn Monate befand er sich jetzt an Bord der SEA RIDER. Zehn lange Monate, in denen er den Fuß nicht ein einziges Mal an Land gesetzt hatte. Vor einer Woche war sein Kontrakt abgelaufen, aber noch hatte er keine Nachricht erhalten, daß man ihn im Golf ablösen würde. Meistens wurde aus den zehn Monaten ein ganzes Jahr oder mehr. Was sollte man machen ... weglaufen ging nicht. Die Zähne zusammenbeißen und durchhalten. In der Heimat gab es keine Verdienstmöglichkeiten. Er hatte eine große Familie ... Neun Kinder, und alle sollten sie eine ordentliche Schulausbildung erhalten. Die Eltern mußten auch unterstützt werden ... und die Familie seines kranken Bruders ...

Neun Kinder, wie die Orgelpfeifen. Den Jüngsten kannte er noch gar nicht, er war erst zwei Monate alt. Ein flüchtiges Lächeln huschte über Tonis Gesicht bei diesem Gedanken. Manchmal wünschte er allerdings, es wären ein paar Kinder weniger. Nur, seine Frau hatte von Geburtenkontrolle nichts wissen wollen, der Priester erlaubte es nicht ... Aber jetzt war Schluß, sie wollte sich sterilisieren lassen. Die Ärzte hatten ihr von einer weiteren Schwangerschaft abgeraten ...

10.00 Uhr. Fünfzehn Minuten Zigarettenpause. Alfons und Toni verließen den Tank. Verschwitzt, verdreckt und außer Atem kamen sie oben an. Geblendet vom grellen Sonnenlicht schlossen sie für einen Augenblick die Augen. Rolando reichte ihnen eine Wasserflasche. Sie tranken gierig.

Toni gab dem 2. Pumpmann Order, den 1. Offizier zu informieren, daß unten im Tank noch Wasser stand.

„Seht zu, wie ihr das rauskriegt, damit wir vernünftig arbeiten können."

„Okay." Rolando trottete nach achtern.

Wolters hatte die Füße in seinem Office auf den Schreibtisch gelegt. Er paffte nervös an einem Zigarillo und haderte mit seinem Schicksal, das ihn an Bord der SEA RIDER verschlagen hatte. Tanker waren für ihn keine Schiffe ... er haßte diese schwimmenden Gefäße.

Da erschien Rolando und riß ihn aus den Grübeleien.

Wolters griff unwirsch zum Telefon und bestellte in der Maschine Dampf für die Restlenzpumpe. Es würde etwas dauern, wurde ihm vom wachhabenden Ingenieur mitgeteilt, man habe Probleme mit der Dampfleitung.

Achselzuckend befahl Wolters dem 2. Pumpmann, schon mal in den Kontrollraum zu gehen und die Ventile zu stellen, damit die Pumpe sofort gestartet werden konnte, wenn Dampf bereitstand.

Rolando, der noch ein bißchen unerfahren war, ging sehr gewissenhaft vor. Das Wasser sollte mit der Restlenzpumpe aus 2 Backbord abgesaugt und in den Sloptank gepumpt werden, wo die Ölrückstände und das Wasser vom Tankwaschen gesammelt wurden. Eine relativ einfache Sache, da konnte man nicht viel verkehrt machen. Dennoch studierte er eingehend das Leitungsdiagramm, bevor er anfing, die entsprechenden Ventile per hydraulischer Fernbedienung zu öffnen.

10.55 Uhr. Alfons fluchte. Wieder einmal war ihm bei der Arbeit am defekten Ventil der Schlagschrauber abgerutscht, und jetzt mußte er in der trüben Brühe auf dem Tankboden danach suchen. Warum zum Teufel wurde das Wasser nicht endlich abgesaugt? War es nicht sogar mehr geworden? Es lief ihm fast schon in die Gummistiefel. Und dann diese dicke Ölschicht, die darauf herumschwamm, die war doch vorher nicht gewesen ...

Alfons fand das Werkzeug und richtete sich mühsam auf.

„Komisch“, sagte er.

„Was ist komisch?“ fragte Toni.

„Alles ... ist komisch“, Alfons hatte Mühe, die richtigen Worte zu finden. „Ich glaube ...“

„Was ...?“

„... ich bin besoffen.“

Toni dachte angestrengt nach. Besoffen hatte Alfons gesagt. War ihm nicht selber auch ein bißchen schwindelig? Unsinn. Einbildung ...

„Es ist die Hitze“, sagte Toni.

„Ja, die Hitze.“ Alfons lachte, aber das Lachen klang gequält. Seine Bewegungen wurden fahrig, der Schlagschrauber rutschte ihm aus der Hand und fiel erneut ins Wasser.

„Ich habe ... keine Lust mehr“, stammelte er. Der Mechaniker lehnte gegen das Eisenschott und atmete schwer. Plötzlich gaben seine Beine nach, und er rutschte mit dem Rücken die Tankwand runter.

Toni richtete den Schein seiner Taschenlampe auf den Kameraden. Er hockte zusammengekrümmt in der Ecke und rührte sich nicht. Den Pumpmann durchzuckte jähes Entsetzen.

Gas, schoß es ihm durch den Kopf, ich muß hier raus!

Panik ergriff ihn. Er ließ das Werkzeug fallen und torkelte zum Ausstieg. Seine Beine waren schwer wie Blei. Er kam nur mühsam vorwärts, viel zu langsam für seine Ungeduld. Plötzlich stolperte er. Das Aufstehen fiel ihm unendlich schwer, erschöpft setzte er sich auf einen Spant.

Im Kopf drehte sich alles ... Ausruhen ... diese Müdigkeit ... Nur ein bißchen ausruhen ...

Rolando mußte fast eine Stunde warten, bis er die Restlenzpumpe endlich starten und mit dem Absaugen des Wassers aus 2 Backbord beginnen konnte. Gegen 11.30 Uhr ging er zum Vorschiff, um zu sehen, wie hoch das Wasser noch im Tank stand. Seine Rufe blieben unbeantwortet. Wer weiß, wo die Kameraden sich herumtrieben, vielleicht hatten sie in der Maschinenwerkstatt zu tun.

Rolando benutzte einen Peilstab und stellte zu seiner Verwunderung fest, daß sich am Boden von Nr. 2 Backbord außer Wasser sogar Ölreste befanden. Er ließ die Pumpe laufen, eine halbe Stunde später war der Tank endlich trocken.

12.00 Uhr, Mittagspause. Alfons und Toni erschienen nicht zum Essen. Niemand hatte sie nach der Kaffeepause gesehen, keiner wußte, wo sie steckten. Alfons geriet in helle Aufregung und rannte ahnungsvoll zum Vorschiff. Ohne einen Augenblick zu zögern, stieg er die Treppe hinab in den Tank bis zur Plattform auf halber Höhe. Er war wie von Sinnen. Er rief nicht, er schrie. Seine Stimme hallte schaurig hohl in dem riesigen Raum, Antwort erhielt er nicht. Ein penetranter Geruch stieg dem 2. Pumpmann in die Nase ... wie nach faulen Eiern. Er wußte, was das zu bedeuten hatte: Gas.

Rolando atmete flach. Langsam gewöhnten sich seine Augen an das fahle Licht. Unten auf dem Tankboden, nicht weit vom Fuße der Leiter entfernt, entdeckte er einen hellen Fleck. Toni in seinem weißen Overall. Regungslos.

Voller Entsetzen verließ der 2. Pumpmann den Tank. Er rannte auf den Laufsteg und fuchtelte wild mit den Armen, um den wachhabenden Offizier im Ruderhaus auf sich aufmerksam zu machen. Ein paar Minuten später gab der 2. Offizier General Alarm. Im ganzen Schiff schrillten die Glocken. Ein häßliches Geräusch, das den Männern unter die Haut ging.

Sie standen an der Tanköffnung. Kapitän Hombeck legte sich das schwere Atemgerät mit den beiden Preßluftflaschen an. Er mußte selber hinab in den Tank, denn es gab niemandem, dem er diese schwierige Aufgabe zutraute, und er wollte keine weiteren Opfer riskieren.

Es war eine unsagbar mühselige Arbeit, die leblosen Körper der Philippinos unter die Tankluke zu schleppen, um sie dann von den Männern mit einer Leine an Deck hieven zu lassen. Nach einer halben Stunde hatten sie es endlich geschafft. Erschöpft stieg der Kapitän aus dem Tank. Die Preßluftflaschen waren fast leer.

Alle Versuche, Toni und Alfons durch den Einsatz von Sauerstoff und künstlicher Beatmung wiederzubeleben, blieben erfolglos, die Männer waren tot.

Kein Windhauch kräuselte das Wasser, als die Sonne an diesem Abend blutigrot im Meer versank. Kapitän Hombeck lehnte an der Reling und starrte nachdenklich in das schäumende Kielwasser, das sich am Horizont verlor. Zwei Menschen waren gestorben durch eine Verkettung unglücklicher Umstände.

Wer trug die Schuld an diesem Unfall? Der unerfahrene Pumpmann, der die Ventile zu früh geöffnet hatte, so daß Öl in den Tank laufen konnte? Oder Wolters, der verantwortliche Offizier, der seine Aufsichtspflicht verletzt hatte? Oder der Manager ihres Personalbüros auf Zypern, der sich keinen Deut darum scherte, wie qualifiziert die Leute waren, die er an Bord schickte?

Wolters saß in seiner Kammer und brütete dumpf vor sich hin. Vor ihm stand eine angebrochene Flasche Whisky und ein leeres Glas. Hombeck hatte ihn gefeuert. Wahrscheinlich hätte Wolters als Kapitän nicht anders gehandelt ... damals.

Damals war er noch Kapitän auf einem Containerschiff unter deutscher Flagge gewesen. Aber dann nach dreiundzwanzig Dienstjahren bei der gleichen Reederei war er plötzlich überflüssig geworden. Ausgeflaggt. Ein russischer Kapitän hatte das Kommando übernommen ... auf seinem Schiff.

Auf der Suche nach einem neuen Job war er dann an diese windige Agentur auf Zypern geraten. Sie hatten ihn überredet, die Stelle als 1. Offizier an Bord der SEA RIDER anzunehmen, obwohl er Tanker bisher nur aus der Ferne kannte.

Tote sind unerwünscht. Keine Hafenbehörde wollte die Leichen von Toni und Alfons zur Bestattung an Land lassen. Sie bekamen ein Seemannsbegräbnis.

Es war eine kurze Zeremonie, zu der sich die gesamte Besatzung auf dem Hauptdeck versammelt hatte. Das Schiff lag gestoppt, die Flagge wehte auf Halbmast. Kapitän Hombeck hielt eine kurze Ansprache auf Englisch. Er sagte etwas von „gestorben in treuer Pflichterfüllung“, er las ein paar Verse aus der Bibel, die er in der Schiffsbibliothek gefunden hatte, und schloß mit den Worten: „Erde zu Erde, Staub zu Staub.“

Hombeck gab den Matrosen an der Reling ein Zeichen. Die in Segeltuch eingenähten Leichen klatschten auf das Wasser. Ein paar Eisenteile an den Fußenden zogen sie augenblicklich in die Tiefe.

Der eine oder andere schlug ein Kreuz. Zögernd gingen die Männer wieder an die Arbeit.

Armin Elhardt
Mene tekel upharsin

Man hört an manchen Tagen
von Kindern die verloren gehn
von Schlägen auf die Fontanellen
und Stürzen vom Balkon

Im Norden sollen Gletscher nässen
der Süden habe Wasserschwund
verzögert sei der Sonnenaufgang
und Abendröte ungewiß

Im Ausland soll es Händler geben
die nehmen Menschenfleisch in Zahlung
Auch Inlandbanken zeigen
ihre Unlust an Verlusten
Der Markt gibt momentan nichts her
Versicherungen kommen auf
das Kleingedruckte kaum zu sprechen

Das Menetekel sehen viele
nur als ein weiteres Graffiti
Wie Heimwehkranke ins Hotel
ziehen ihre Leichtgewichte
entlang der alten Wand
und lettern sich
analphabetisch
zur unsichtbaren Schrift

Thomas Bachmann
Nimm mich mit

Nanu, es gibt noch Tramper? Ich bremse hart und kurbel die Scheibe herunter: „Wo solls denn hingehn?"

Er beugt sein blaugefrorenes Gesicht zu mir herab, Schneeflocken wirbeln herein, und zieht den Schal vom Mund: „Ist egal."

„Na, du bist gut, ich fahr nach Berlin."

„Auch gut."

„Dann steig ein."

Er öffnet die Tür, ein eisiger Windstoß fährt herein, dann sitzt er neben mir und zieht langsam die Handschuhe von seinen Fingern.

„Sag mal, warum hast Du dich nicht in der Tankstelle aufgewärmt?" frag ich, als er seinen Zettel mit der Aufforderung sorgsam zusammenfaltet.

„Die wollten mich nicht, hatten wohl Angst, daß ich was klaue."

„Wie lange stehst du schon?"

„Zwei Stunden werden es wohl sein."

Ich leg den Gang ein und fahre kopfschüttelnd los: „Zwei Stunden, du mußt ja fast erfroren sein."

Er grinst: „Ist verdammt früh mit dem Winter, dieses Jahr. Schnell werden wir nicht vorwärts kommen bei dem Wetter. Ich schätze mal, mindestens noch zwei Stunden."

„Du kennst die Strecke?"

„Klar."

„Wo soll ich dich in Berlin raussetzen?"

„Ist egal, am besten in Citynähe."

„Und dann?"

„Weiß noch nicht."

„Hm."

„Mach dir keinen Kopf, es wird sich schon was ergeben."

„Trampst du öfters so auf gut Glück durch die Gegend?"

„Ist das erste Mal. Irgendwann ist immer das erste Mal."
„Und ansonsten bist du ein unbescholtener Bürger."
„Ansonsten bin ich das wohl."
„Und was treibt dich an die Straße?"
Er schweigt einen Augenblick, dann guckt er zu mir rüber: „Rauchen wir eine?" Er hält mir seine Schachtel entgegen.
Ich greife zu und drück auf den Zigarettenanzünder, bis es Klick macht. Dann sitzen wir und schweigen, und nur das monotone Gebrumm des Motors bei niedriger Drehzahl im höchsten Gang und das Wischen der Scheibenwischer füllen die Enge zwischen uns beiden. Mir brennt meine Frage auf der Zunge und verstohlen mustere ich ihn aus den Augenwinkeln, nein, schlecht gekleidet ist er nicht. Die Haare trägt er kurz, der Bart ist gepflegt, in den Augenwinkeln ist das feine Geäst, das ein bestimmtes Alter verrät, deutlich ausgeprägt, nein, das ist kein Penner.
„Verrätst du mir deinen Beruf?"
Er lacht auf: „Beruf, ja sowas hab ich auch."
„Und?"
„Ist das so wichtig?"
Langsam macht er mich wütend. Was hat der nur? Gleichgültig sage ich in Richtung Frontscheibe: „Ist nicht so wichtig, bin nur neugierig, was ein nicht mehr so ganz junger Mann bei dem Wetter alleine und ohne jedes Gepäck an einer Tankstelle mitten in der Prärie macht. Das ist alles."
Dann ist wieder nur das Gebrumm des Motors und das Wischen der Wischer zu hören und ich zünde mir eine neue Zigarette an.
„Du bist sauer," stellt er fest.
„Ach was."
„Doch, du bist sauer und ich kann dir auch sagen, warum."
„So, warum denn?"
„Weil du einen armen Tramper mitgenommen hast und nun denkst, du hast das Recht, ihn auszufragen. Er sitzt ja in deinem Auto. Übrigens finde ich den Ausdruck Prärie ganz passend, hab ich so noch nicht gehört."
„Du bist ja schlau, hintendran noch ein kleines Lob, damit ich nicht ganz vergnatze."
Er lächelt verschmitzt vor sich hin: „Ja, so ungefähr ist das wohl."

Inzwischen hat das Schneetreiben etwas nachgelassen, und ich kann schneller fahren. Die Scheibenwischer stehen jetzt auf Intervallschaltung. Ich halt ihm meine Zigarettenschachtel hin: „Friedenspfeife."

Er guckt mich einen Augenblick lang an, dann vertiefen sich die Fältchen um seine Augen, und sein Gesicht klappt auf zu einem breiten Lachen: „Hugh," sagt er, und ich drücke wieder auf den Zigarettenanzünder.

In Berlin setze ich ihn am Alex ab, im Rückspiegel sehe ich ihn winken. Er macht das wie ein kleines Kind, so mit überschäumender Freude und ich drücke zwei mal kurz die Hupe. Dann reihe ich mich wieder in die Blechlawine ein und verliere ihn aus den Augen.

Walter Landin
Freigelassen

Er steckt den Schlüssel ins Schloß. Seine Hand zittert. Das Schloß geht nicht auf. Er dreht sich ängstlich um. Auf der Straße ist niemand zu sehen. Der Schlüssel faßt. Endlich. Die Tür springt auf. Mit dem Rücken drückt er die Tür zu. Wie sie ihn angestarrt haben in der Straßenbahn. Die Straßenbahn ist brechend voll gewesen. Die endlose Fahrt. Und die Leute, die vielen Leute. Er verschließt die Tür von innen und läßt den Schlüssel stecken. Hier in der Wohnung fühlt er sich sicherer. Die Küchentür ist angelehnt, der Tisch abgeräumt, seine Mutter hat das Geschirr gespült. Wie jeden Tag.

Er saß im Sessel, sie machte die Küche.

„Faulenzer."

Der Fernseher lief.

„Du taugst zu nichts."

Er stellte den Fernseher lauter.

„Alles muß ich alleine machen."

Er preßte die Hände auf die Ohren.

„Nimm dir ein Beispiel an deinem Bruder."

Er steht noch immer mit dem Rücken zur Tür. Er lauscht nach draußen. Er atmet tief durch und geht ins Wohnzimmer. Das Bettzeug ist weggeräumt, die Couch zusammengeklappt. Die Campingliege steht hinter der Tür. Die Wohnung ist leer. Er legt sich mit den Schuhen auf die Couch, macht sich lang, versucht, sich zu entspannen. Er spürt, wie seine Unruhe nachläßt. Sein linke Hand ist zur Faust geballt. Er streckt die Finger aus, ein zerknüllter Zettel fällt auf den Boden. Die Terminkarte fürs Arbeitsamt. Donnerstag, 12. Januar, 8.30 Uhr. Das ist heute. Nicht mal eine Stunde ist es her.

Er stand vor dem klobigen Gebäude. Er sah die vielen Leute ins Arbeitsamt hasten, spürte die Blicke im Nacken. Er hatte Angst, durch die Tür zu gehen. Er dachte an seinen ersten Termin nach der Entlassung vor einem Jahr. Den Berg von Formularen, den sie ihm bei der Anmeldung in die Hand gedrückt hatten. Seine Mutter hatte beim Ausfüllen geholfen.

„Das erste Mal gehe ich mit, damit du dich zurechtfindest."

„Nicht nötig", hatte er entgegnet und war froh, daß sie dabei war. Nach dem Ausfüllen die Warterei. Endlich wurde er aufgerufen.

„Gas-, Wasser-Installateur", sagte der Sachbearbeiter gedehnt. Fünf Jahre nicht im Beruf gearbeitet."

Der Sachbearbeiter blickte von den Papieren hoch, schüttelte den Kopf.

„Warum?"

Er brachte kein Wort heraus.

„Wenn Sie nicht mit mir reden wollen."

Die Stimme des Sachbearbeiters klang beleidigt. Hilflos drehte Georg sich zu seiner Mutter um.

„Mein Sohn war im Gefängnis", sagte sie bestimmt.

„Ach so. Es wird schwierig werden. Mangelnde Berufserfahrung. Kommen Sie bitte in vier Wochen zur Arbeitsvermittlung wieder."

Es folgten einige Termine im vierwöchentlichem Abstand. Arbeit wurde nicht vermittelt, nur jeweils ein neuer Termin. Dann doch ein Strohhalm. Umschulung. Chemiefacharbeiter. Eignungstest. Hoffnung für Tage.

„Tut uns leid. Mathematikschwäche. Kommen Sie bitte in vier Wochen wieder."

Nach vier Wochen: „Nichts zu machen. Schwer vermittelbar. Versäumen Sie Ihren Termin in vier Wochen nicht. Sie wissen ja, Meldepflicht."

Und heute morgen stand er wieder vor dem großen Gebäude. Er drehte sich um, ging einige Schritte zurück, unschlüssig.

„Versäumen Sie Ihren Termin nicht."

Er blieb unvermittelt stehen. Ein alter Mann konnte nicht ausweichen. Er rannte weg, hörte das „Sie Flegel", rannte weiter, „Termin nicht versäumen", rannte, „Meldepflicht nachkommen, sonst Entzug der Arbeitslosenhilfe", rannte, rannte. Atemlos kam er an der Haltestelle an. Er stellte sich abseits, weg von diesen Menschen, die so taten, als warteten sie auf die Straßenbahn.

Es klingelt. Er zuckt zusammen. Stehen SIE vor der Tür? Er wagt nicht, sich zu bewegen. Sein Atem kommt ihm unerträglich laut vor. Ruhig bleiben. Es klingelt ein zweites Mal. Wenn sie wirklich vor der Tür stehen? Wenn SIE ihn holen? Warum? Es gibt keinen Grund.

Und damals? Gab es damals einen Grund? Es war auch morgens gewesen. Es hatte geklingelt, einmal. Dann Pause. Das zweite Klingeln anhaltend, ungeduldig. Er machte auf.

„Sind Sie Georg M.?“

Er nickte.

„Sie sind verhaftet. Hier ist der Haftbefehl.“

Er nickte.

„Packen Sie Ihre Sachen zusammen.“

Er nickte.

18 Monate ohne Bewährung.

„Wiederholungstäter“, hatte der Richter in der Urteilsbegründung gesagt. „Rückfalltäter. Abschreckendes Beispiel statuieren.“

Das Klingeln hat aufgehört. Er schaut auf seine Armbanduhr. Das Vormittagsprogramm. Gerade noch Zeit, um ein Bier zu holen. Er öffnet die Kühlschranktür. Eins ist noch da, zum Glück. Jetzt in den Keller zu müssen, raus aus der Wohnung. Nicht auszudenken. Er schlägt die Flasche an der Tischkante auf. Die Vorwürfe klingen in seinen Ohren.

„Mußt du den Tisch kaputt machen? Trink nicht so viel! Nimm dir ein Beispiel an deinem Bruder! Du hast schlechte Freunde. Halt dich an deinen Bruder! Lern was Gescheites! Schwänz die Schule nicht! Mach die Hausaufgaben! Sei nicht so faul! Nimm dir ein Beispiel an deinem Bruder!“

Wenn sie bei Nachbarn oder Bekannten von seinem Bruder erzählte, fingen ihre Augen zu glänzen an.

„Ja mein Fritz. Der hat es zu was gebracht. Erfolgreiches Studium. Die Doktorarbeit so gut wie fertig. Eine lukrative Stellung in Aussicht. Glücklich verheiratet. Zwei Kinder, zwei entzückende Mädchen. Fritz ist mein guter Sohn.“

Georg nimmt die Flasche mit ins Wohnzimmer. Hoffentlich kommt sie nicht so schnell nach Haus. Was hat er sich gefreut, bei ihr unterzukommen, damals, als er aus dem Gefängnis entlassen worden ist.

„Es wird eng werden", hatte sie gesagt.

Eine kleine Einzimmerwohnung mit Küche, Toilette und einem winzigen Sitzbad. Und der Garten.

„So schön verwildert. Ich lasse alles wachsen. Ist er nicht entzückend, mein Garten?"

„Sicher, sicher, es wird eng werden. Aber für's erste habe ich was. Und es ist ja nur für den Übergang."

Aus dem Übergang war Alltag geworden.

„Vergrab dich nicht in der Wohnung! Such dir Arbeit. Geh unter Leute! Verlaß dich nicht aufs Arbeitsamt! Unternimm was! Lies ein Buch! Hilf beim Abwasch! Sitz nicht den ganzen Tag vorm Fernseher! Reparier die Gartentür! Wie oft muß ich dich noch bitten? Laß dich doch nicht so hängen! Nimm dir ein Beispiel an deinem Bruder! Der hat es zu etwas gebracht!"

Sie brüllte ihn an. Sie weinte. Sie stichelte. Sie gab nicht nach, sie trieb ihn in die Enge.

„Ich werde dich schon hinkriegen. Ich werde es dir beibringen. Laß es dir gesagt sein!"

Er hörte ihre Worte, ihre Vorwürfe, ihr Schreien. Es prallte an ihm ab.

„Du fährst jetzt mit mir. Oder ich setzte dich auf die Straße."

Er ging mit. Zur Leihfirma. Name, Geburtsdatum, Adresse, Beruf. Niemand fragte nach dem Gefängnis. Niemand starrte ihn an. „Sie hören von uns."

Zwei Wochen später die Karte.

„Nächsten Montag, Baustelle in Heidelberg, Arbeitsbeginn: sieben Uhr."

„Ich fahre dich hin."

Sie stand schon um halb fünf auf. Sie waren viel zu früh da.

„Ich hole dich heute abend ab."

Abends war er kaputt, abgeschlagen, zufrieden.

„Morgen früh fahre ich mit dem Bus."

„Soll ich dich nicht lieber bringen?"

„Nein, nein."

„Gut, aber ich hole dich wieder ab."

Am dritten Tag war Schluß.

„Schlechte Auftragslage. Ich muß meine eigenen Leute unterbringen."

Er saß wieder zu Hause in der Einzimmerwohnung, die immer enger wurde. Seine Mutter suchte weiter, unermüdlich, war von morgens bis abends unterwegs.

„Nächsten Ersten kannst du anfangen in einem Installationsbetrieb ganz in der Nähe. Freust du dich nicht?"

Die Arbeit machte Spaß. Es war eine kleine Firma. Der Chef, zwei Gesellen, ein Lehrling. Vierzehn Tage Probezeit. Es gab viel Arbeit. Er kam abends nach Hause. war müde und doch aufgekratzt, erzählte von seiner Arbeit, wollte der beste Installateur werden, war nicht wiederzuerkennen, räumte die Wohnung mit auf, half beim Kochen.

„Noch ein Stück Fleisch?"

„Gerne."

„Und ein paar Bohnen?"

„Danke, danke, ich bin satt. Gleich platze ich."

„Du mußt essen, Georg. Denk an deine Arbeit."

Abends saß er unruhig vor dem Fernseher, fieberte jedem neuen Arbeitstag entgegen. Das Wochenende kam ihm endlos und unnütz vor. Er zählte die Tage. Noch drei Tage, noch zwei.

„Hat er schon was gesagt?"

„Nein."

„Wenigstens Andeutungen?"

„Nichts."

„Ist er mit dir zufrieden?"

„Glaub schon."

„Was für ein Gefühl hast du?"

„Weiß nicht."

„Du wirst es schon schaffen."

„Ich will es schaffen. Ich muß es schaffen."

„Ja, das wäre herrlich."

Sie kam mit der Zeitung an, suchte die Wohnungsanzeigen.

„Hier, wäre das nichts? Zwei Zimmer, Küche, Bad, teilmöbliert, 66 Quadratmeter, 350 Mark Miete und Nebenkosten."

Georg mußte lachen. „Lach nicht, wo du doch bald ein festes Einkommen hast."

Sie suchte weiter. „Hier habe ich noch ein entzückendes Angebot. Collinicenter, Appartment, 49 Quadratmeter, drittes Obergeschoß, 193 000.- Kaufpreis."

„Was soll das?“ fragte er böse. „Willst du dich über mich lustig machen?“

„Aber Georg, du mußt dir über deine Zukunft Gedanken machen. Schließlich bist du schon achtundzwanzig.“

„Bleib auf dem Teppich, Mutter.“

Er trank einen kleinen Schluck Wein.

„Noch bin ich in der Probezeit.“

„Es wird schon klappen.“

Sie schenkte noch etwas Wein nach.

„Zur Feier des Tages.“

Am letzten Probetag erwartete sie ihn ungeduldig an der Haustür.

„Na, wie war es?“

Er zuckte mit den Schultern. Sie erschrak.

„Bist du entlassen?“

„Nein.“

„Dann freue dich doch. Die Probezeit ist vorbei. Du bist nicht entlassen. Also darfst du weiterarbeiten. Hast du den Arbeitsvertrag?“

„Ich habe mich nicht getraut zu fragen.“

„Morgen früh gehe ich mit hin.“

Der Meister war ausgesprochen freundlich.

„Ihr Sohn ist ein guter Installateur. Aber er arbeitet zu langsam und nicht selbständig genug.“

„Das wird sich bessern. Er muß sich einarbeiten.“

„Tut mir leid. Darauf kann ich keine Rücksicht nehmen.“

Tagelang war er nicht ansprechbar, lag apathisch auf der Couch, ging nicht auf die Straße, war einsilbig und verschlossen. Seine Mutter gab es auf, eine weitere Arbeitsstelle zu suchen.

„Morgen ist wieder dein Termin beim Arbeitsamt. Und melde dich beim Sozialamt an, besorg dir einen Antrag! Bald läuft deine Arbeitslosenhilfe aus, und von meiner Rente können wir nicht leben.“

„Kommst du mit aufs Sozialamt?“

„Nein, ich habe zu tun.“

Georg schaut auf die Uhr. Er sucht nach der Fernbedienung. Draußen auf der Terrasse schreien die Vögel.

„Hör nur, wie entzückend sie singen.“

Aufgeregtes Geflatter. Der Kater von nebenan? Er zieht die Gardine zur Seite. Der Kater ist nicht zu sehen. Die Kanarienvögel im Käfig haben sich wieder beruhigt.

Die Käfigtür aufmachen. Die Vögel fliegen lassen. Auch den letzten rausscheuchen. Alle weg, die niedlichen, entzückenden Vogelkinder. Ihr entsetzter Blick.

„Der dicke Kater?"

Sein Grinsen.

„Wo sind meine Vogelkinder?"

„Weg."

„Was soll das heißen?"

„Ich habe ihnen die Freiheit geschenkt."

„Die Freiheit. Die Freiheit."

Ihre sich überschlagende Stimme.

„Die gehen doch ein in der Freiheit."

„Na und?"

Ihr die Stirn bieten, ihr die Meinung sagen, sich einmal nicht ducken.

Draußen streicht der Kater um den Apfelbaum herum, reibt sich an der Baumrinde, stellt den Schwanz hoch. Georg geht durch die Küche in den Garten, verscheucht den Kater und stellt den Vogelkäfig in die Küche. Sorgfältig schließt er die Küchentür.

Im Gefängnis. Sie besuchte ihn. Sie hatte die weite Fahrt auf sich genommen.

„Wie geht es dir?"

„Es geht. Seit ich die Spritzen bekomme."

„Die Spritzen?"

Er antwortet nicht.

„Blaß siehst du aus."

Sie holte ihr Taschentuch aus der Handtasche, schneuzte sich die Nase, wischte sich unauffällig über die Augen.

„Hast du genug zu essen? Vielleicht kommst du früher raus."

Keine Vorwürfe, kein Wort über seinen Bruder. Als sie ging, drückte sie ihm lang die Hand. Er spürte ihre Nähe.

Es klingelt wieder. Dieses Mal bleibt er ruhig. Es fällt ihm ein, daß die Tür von innen zugeschlossen ist und der Schlüssel steckt. Wenn es seine Mutter ist, kommt sie nicht herein. Er schaut durch

Wir bitten um
Geduld
bis Ihre Ziffer
596

das Guckloch. Sie steht vor der Tür, tatsächlich. Sie macht einen verärgerten Eindruck.

„Entschuldigung“, sagt er, bevor sie anfangen kann zu schimpfen.

„Wie war es auf dem Arbeitsamt?“

„Nichts Neues.“

„Wann mußt du wieder hin?“

„In vier Wochen. Wie immer.“

Renate Schoof
Affen auf der Überholspur

Morgens am Radio sammeln wir
die Toten der Nacht ein
eigene und fremde – immer
zu viele/ Kein Klageweib
zerreißt irgendetwas
Sie machen Pippi Langstrumpf
verantwortlich für die Lichthuper
auf der Überholspur
Und wenn schon
Durch uns reitet ein rotes Mädchen
mit einem Affen am Hut
tanzt barfuß mit den Matrosen

Petra Senftleben
Die Putzfrau

Sie kommt den langen Gang entlang, beladen mit einem überquellenden Papiereimer. Vor den Sammeltonnen bleibt sie stehen und leert den Eimer in die blaue Tonne.

– Klar doch! Da hat wieder einer die Cellophanhülle von seinen Tempos zwischen den Papierabfall gemogelt. –

Friedel Kühn beugt sich vor, um das Plastikteil zu entfernen.

Sie stellt sich gerade hin und schlurft mit dem leeren Eimer wieder zurück. Ihr Rücken wird immer steifer und die Beine schmerzen, trotz der dicken Bandagen.

Aber Friedel Kühn hält durch! Hat immer durchgehalten!

Kindheit im Krieg! Danach gab es nicht genug junge Männer. Naja, ein Kind hatte sie sich schnell eingefangen: den Kurt. Und zwei Jahre später die Uschi. Geheiratet wurden andere.

Sie öffnet die Glastür zum Konstruktionssaal. Ihr Revier! Seit über zwanzig Jahren! Der Konstruktionssaal ist hell erleuchtet. Die Zeichner sind schon nach Hause gegangen und die meisten Ingenieure ebenso. Nur von hinten aus dem Büro des Konstruktionsleiters sind Stimmen zu hören.

Friedel Kühn atmet tief durch. Sie hat da so ihren Rhythmus: montags die Zeichenbretter, dienstags die Computer, mittwochs die Schreibtische, donnerstags die Fensterbänke und heute die Hängelampen. Das ist eine wacklige Sache. Da fehlt ihr die Enkelin.

Aber Friedel Kühn hält durch! Hat immer durchgehalten!

Allein mit zwei kleinen Kindern. Da hat sie vom Wirtschaftswunder nicht viel mitgekriegt. Kurt hat sich immer geschämt. Schämt sich noch heute. Uschi war ganz anders. Nein, bloß nicht an Uschi denken!

Energisch öffnet sie die Tür zur kleinen Abstellkammer und holt die Trittleiter heraus. Sie stellt die Leiter unter die erste Lampe. Mit dem Putzeimer in der Hand steigt sie Stufe für Stufe höher. Ihre Beine zittern, und ihr ist schwindelig. Gut, daß Frau Meyerhoff sie so nicht sieht. Frau Meyerhoff ist für den Innendienst zuständig, insbesondere für die Putzfrauen.

Aber Friedel Kühn hält durch! Schon wegen der Enkelin!

Und da spürt sie wieder das beklemmende Gefühl in der Brust. Die Enkelin war oft mitgekommen, hatte ihr geholfen. Nettes Mädchen, die Enkelin und hübsch dazu. Und dann doch wieder die alte Geschichte.

Sie steigt die Leiter runter, schiebt diese unter die nächste Lampe und steigt erneut hoch. Ihre Beine zittern immer noch. Der Schweiß rinnt ihr den Nacken herunter. Sie ist langsam geworden. Bleibt sie eben länger als die zwei Stunden. Frau Meyerhoff kann das ja wohl egal sein. Hauptsache, es ist sauber. Und Hauptsache, Friedel Kühn hat was dazu zur Stütze. Rente kriegt sie keine. Sie hat zwar immer gearbeitet. Doch ohne Steuerkarte, versteht sich.

Aber Friedel Kühn hält durch! Was auch sonst!

„Guten Abend Frau Kühn". Der kleine Konstruktionsleiter steht schräg unter ihr. Friedel grinst freundlich. Sie kann ihn gut leiden diesen jungenhaften Hektiker mit Bart und Brille.

„Is' was?"

„Sie wollen es wohl nochmal ganz gründlich machen", stellt er fest.

„Ist eben Freitag."

Er sieht sie an, will etwas sagen, da klingelt von hinten das Telefon.

„Ich komm' nachher nochmal bei Ihnen vorbei", ruft er im Gehen.

Friedel Kühn brummelt vor sich hin: „Was hat der'n heute ...?"

So, die Hängelampen wären geschafft. Jetzt noch die Toiletten, und dann ist Wochenende. Vielleicht ist die Enkelin schon Zuhause. Und sie freut sich doch auf den Kleinen ... trotz allem. Ist eben immer die gleiche Geschichte! Die Toiletten sind auch nicht sauberer als sonst!

Aber Friedel Kühn hält durch! Jetzt gerade!

Sie kippt das Wischwasser in eins der Klos. Ganz vorsichtig versucht sie den Rücken wieder gerade zu bekommen. Sie schlurft in die Teeküche. Sicher ist in der großen Thermoskanne noch ein Schluck Kaffee für sie. Auf dem kleinen Tisch steht ein schöner

Blumenstrauß. Wer hat denn hier seine Geburtstagsblumen vergessen? Der Konstruktionsleiter gesellt sich dazu. Mit großer Geste deutet er auf die Blumen. „Ein kleines Dankeschön von der Abteilung! Wir haben heute erst erfahren, daß sie gehen."

Frau Kühn läßt sich auf den einzigen Küchenstuhl plumpsen.

„Ich hör' gar nicht auf."

„Frau Meyerhoff ist heute schon mit ihrer Nachfolgerin durchgegangen. Und Ihnen soll ich sagen, Sie mögen sich nochmal beim Pförtner melden."

Dem kleinen Konstruktionsleiter schwant Böses.

Aber Friedel Kühn wehrt sich nicht! Weiß genau, daß sie verloren hat!

„Mir schiebt man hier auch immer den schwarzen Peter zu", knurrt der junge Mann.

„Ich dachte, das wäre alles längst abgesprochen." Er rollt genervt mit den Augen. „Ein Kasperltheater ist das!"

Schritte sind auf dem Gang zu hören.

„Oma?!"

Der Konstruktionsleiter öffnet die Tür.

„Hier sind wir."

Die Enkelin erscheint. Sie hat den Kleinen im Arm.

„Oma, was ist denn?"

Friedel Kühn hebt müde den Arm.

„Mein Abschied."

Der Enkelin verschlägt es die Sprache. Der Konstruktionsleiter weiß nicht recht, was er machen soll. Schließlich sagt er:

„Also dann, machen Sie es trotzdem gut, und genießen Sie Ihren Ruhestand."

„Bla, bla, bla ...", höhnt Friedel Kühn. „Wovon denn?"

Die Enkelin hat sich wieder gesammelt.

„Du, dann gehe ich doch ins Kaufhaus, als Frühpackerin."

Friedel Kühn ist müde, sehr müde, die Beine schmerzen fast unerträglich, und der Druck in der Brust macht sie sprachlos.

Doch die Enkelin hält durch! Wird sie eben Frühpackerin. Ohne Steuerkarte versteht sich!

Ursula Heinze de Lorenzo
Du kehrst

Du kehrst
den Staub nicht unter
verschaffst dem Tisch
das Recht
sich selbst zu rücken
wohin der Stuhl
ihn will.
Nur so
lebt Freiheit
häuslich
auf makellosem Holz.

Walter Kaufmann
Unternehmer

Robust bäuerlich saß er am Tisch in der Strandkneipe von Warna, nun schon über die zweite Mahlzeit von Fisch mit Kartoffeln und Salat gebeugt, die er so gierig aß wie die andere, und erst als er zu seinem Krug Bier griff, ihn ansetzte und trank, sich dann, den Bierschaum von Mund und Schnauzbart wischend, zurücklehnte, sah ich sein Gesicht. Das war rund und runzelig. Die graublauen Augen zeugten von Gewitztheit, und die Schiebermütze, weit über die Stirn auf dem runden kahlen Kopf zurückgeschoben, betonte das Bäuerliche an ihm noch.

Anfangs hatte ich ihn für einen Einheimischen gehalten, als ich ihn dann aber mit dem Kellner verhandeln hörte, erkannte ich, daß er, wie man so sagt, ein Landsmann war. Ihm mußte es ähnlich ergangen sein, denn nachdem auch ich mit dem Kellner ein paar Worte gewechselt hatte, brauchte er nicht lang, mich über die Tische hinweg anzusprechen.

„Schimpft sich Ferienort“, meinte er mißmutig, „aber für Deutsche nicht brauchbar. Wär det alles hier nich auch auf deutsch gedruckt, würden einen nich mal die Kellner verstehen. Und erst die Taxifahrer – stellen Sie sich vor, von vier Taxifahrern kannte keiner det Wort Bahnhof.“

Sein Ziel Sofia jedenfalls habe er aufgegeben.

„Wenn Sie hier Taxifahrer wären, würden Sie sich doch zumindest det deutsche Wort Bahnhof merken – und Flugplatz. Oder?“

Ich versuchte ihn mit ein paar Bemerkungen über den schönen bulgarischen Herbst zu beschwichtigen – blaues Meer und Sonne überm Strand. Da sei er doch gut dran in Warna. Er winkte ab.

„Sonne is, wo ich mein Bier und zwei Mahlzeiten für den Preis von einer kriege. Det is Sonne. Für die Zeche hier, bleche ich noch keene zwanzig Märker.“

Bloß, allein zu reisen, und überall nur Achselzucken, weil niemand wat versteht, is auch nich det Wahre."

„Kann ich Ihnen nachfühlen"

Er musterte mich, schien mir zu vertrauen, denn nun verriet er, daß er sich auf diese Reise gar nicht erst eingelassen hätte, ginge es nicht ums Geschäftliche.

„Bin nämlich Unternehmer."

Er ließ das einwirken. Und dann begann er zu meinem Erstaunen von einem Kosmetiksalon zu erzählen, den er im Berliner Wedding betrieb.

„Reiner Frauenbetrieb" sagte er, und nur mit hartem Besen und Tricks durch die Hintertür konkurrenzfähig zu halten."

Noch wollte mir der Grund seiner Bulgarienreise nicht aufgehen – sie mußte Bestandteil dieser Tricks sein.

„Sie ahnen nicht, wie einem die Löhne in Berlin zu schaffen machen. Vier gelernte Kräfte, die wollen bezahlt sein! Dazu die Miete – ein Kreuz.

Er seufzte. Nun, da seine Sofiareise an den Taxifahrern gescheitert sei, müsse er zusehen, was sich in Warna machen ließ – schließlich gebe es auch hier Kosmetiksalons.

Ich wartete.

„Wäre doch gelacht, wenn ich in den fünf Tagen, die ich hier noch hab, keine gelernte Kraft fände, die bereit is, bei mir in Berlin anzufangen. Bloß, wie ich so einer det klar mache, det is noch die Frage. Die ich in Sofia im Auge hatte, kann Deutsch."

Beim Zahlen der Zeche kam ihm die Erleuchtung. Der Kellner strich zufrieden das Trinkgeld ein und machte den Ansatz einer Verbeugung.

„Und waren doch gerademal hundert Lewa, dat Trinkgeld – keine zwei Mark fuffzig für unsereins. Was wird da so eine Bulgarin für Augen machen, wenn ich ihr fünf Blaue hinblättere. Da brauch ich nich viel Worte. Ein Vermögen wäre det für die!"

Ich schwieg.

„Da sagen Sie nischt. Bei dem Wechselkurs hier wären doch fünfhundert Märker im Monat ein Vermögen. Det klappt, keine Bange."

Entschlossen schob er seinen Stuhl zurück, stand auf und ging seiner Wege.

Walter Kaufmann
Fahrkartenkontrolle

In Gotha muß das Personal abgelöst worden sein, denn kurz nach der Weiterfahrt wurden noch einmal die Fahrausweise verlangt. Ich blickte verwundert zu dem Mann hoch, ein beleibter Beamter mit blondem Schnauzbart und runden blauen Augen, der mir gutwillig Bescheid gab und mich den Fahrschein gleich wieder wegstecken ließ. Bei meinem Nachbarn, einem jungen Türken von etwa vierzehn Jahren, der seit Berlin in einem Buch vertieft war mit dem deutschen Titel: „Heißt du wirklich Hassan Schmidt?" verweilte er länger. Es war, als stimme etwas mit dem Ausweis nicht, den ihm der Türke gereicht hatte.

„Bahnkarte!"

Das hörte sich barsch an und bajuwarisch auch.

Der Junge kramte in seinem Brustbeutel nach der in seiner Klarsichthülle steckenden Bahnkarte. Die wollte der Beamte genauer sehen.

„Hol die mal raus", forderte er laut.

Der Junge gehorchte.

Der Beamte inspizierte die Bahnkarte rundum und verwandelte sich merklich. Es war, als wäre er einer Fälschung auf der Spur. Mit dem Zeigefinger fuhr er eine leere Spalte entlang.

„Du Unterschrift hier!" sagte er.

Der Junge schwieg. Er schien sich zu fragen, warum plötzlich derart laut und in gebrochenem Deutsch mit ihm geredet wurde.

„Unterschrift hier!" wiederholte der Beamte.

Noch immer schwieg der Junge. Verwirrt suchte er nach der Klarsichthülle, die ihm zwischen die Sitze geglitten war. Der Beamte wartete und strich sich den Schnauzbart mit dem Handrücken glatt.

Der Junge, jetzt auf den Knien, eine Hand unterm Sitz, blickte zu dem Mann hoch.

„Unterschrift verstehst!"

Die dunklen Augen des Jungen blieben auf den Mann gerichtet, der sich über ihm türmte. Er ließ nicht erkennen, ob er verstanden hatte. Den Beamten drängte es plötzlich. Er hatte die Geduld verloren. Er warf den Fahrschein und Bahnkarte auf den Sitz und rief: „Drei Kreuze tun's auch, wennst net schreiben kannst!"

Damit schlug er die Tür zu und verschwand zum nächsten Abteil.

Ingrid Fohlmeister
Das Geständnis

„Jetzt ist er so weit“, sagte die Stimme.

Er ertrank. Mit flatternden Armen durchschlug sein Körper den gläsernen Spiegel, trudelte mehrfach um die eigene Achse und sank bleischwer hinab auf den schlammigen Grund. Saugend umschloß ihn schwarzes Vergessen. Ölige Blasen entstiegen dem zähen Schlick und zerplatzten mit rülpsendem 'plop', während er strampelte, um sich zu befreien. Wenn er doch wüßte, wie es wäre, wenn er das Wasser einließ oder die Dauer ermessen könnte, bis es vorbei war ... Lohnte es sich zu widerstehen? Gleich, gleich würde er ohnehin nachgeben müssen ... In titanischer Anstrengung riß er die Arme hoch. Die Augen quollen ihm aus den Höhlen. Fischmaullippen schnappten. Ballonnüstern blähten sich. Mit ziehendem Stöhnen schoß ein Strom vorbei an der Enge seiner Kehle. Wasser oder Luft? Luft!, die sich wie weißglühende Lava in seine leergepreßten Lungen ergoß.

„Sie müssen versuchen sich zu erinnern, Herr Grigull!“ sagte die Stimme von weit her. Es war, als habe ihm jemand im allerletzten Augenblick die rettende Leine zugeworfen und zöge ihn jetzt ganz langsam an Land.

Seine Lider hoben sich. Zögernd blickte er um sich. Kalkweiße Wände traten allmählich aus schlierigem Zwielicht hervor, zerrannen wieder, wie hinter regennassen Scheiben. Wie damals, dachte er. Aus dem Druck gegen Gesäß und Oberschenkel, dem starren Widerstand im Rücken, entnahm er, daß er auf einem Stuhl saß. Genau wie damals. Der Weißkittel neben ihm mit seinen verschwimmenden Konturen, die wellenförmigen Hosenbeine der Uniformierten, und sogar die quäkende Stimme, deren Worte unvollständig, wie zerhackt, zu ihm drangen, alles war wie damals, dachte Oskar: bis zur Unkenntlichkeit verzerrt!

Und gleich würden sie sich wie damals auf ihn stürzen mit ihren Fragen, und es würde ihnen nichts nützen, und ihm auch nicht. Denn dieser Teil seiner Erinnerung war verschwunden, versunken, lag für immer im Nebel.

Damals, als die Polizei ihn zum ersten Mal am Bahndamm gefunden hatte, war Oskar noch ein kleiner Junge gewesen. Angst hatte ihm die Kehle zugeschnürt, als sie ihn nach Hause zurückbrachten, Angst vor dem, was ihn dort erwartete. Im Treppenhaus spürte er sie als drückende Last auf seiner Brust, als er beim Hochsteigen die spähenden Blicke fühlte und die flüsternden Stimmen, die zuklappenden Türen hörte. Er hatte kaum noch Luft bekommen. Mutter glitt schattengleich durch die halboffene Wohnungstür und stürzte sich mit ersticktem Schluchzen auf ihn. „Junge, warum hast du uns das angetan?“

„Da war ein Mann ...“, sagte Oskar eingeschüchtert und wollte erzählen.

„Oh Gott!“ Sie preßte ihn an sich, als müsse sie ihn vor namenlosem Unheil schützen, und ihrem Zittern entnahm er wahnsinnige Furcht. „Wie oft hab ich dir gesagt, daß du nicht mit Fremden gehen sollst!“ Sein Vater, der im Hintergrund auf dem Sofa lag, seit seinem Unfall aufgedunsen, bewegungsunfähig und immer öfter betrunken, lallte:

„Das Schwein schlag ich tot!“

Und dann begann das Fragen, und der Nebel fiel. Erst hatten es seine Eltern versucht, dann die Polizei, dann die Ärzte. Aber je mehr sie fragten, umso dichter wurde der Nebel. Da war ein Mann ... war alles, was ihm einfiel. Doch das wußten sie schon, schließlich hatte die Polizei ihn ja bei ihm gefunden.

Mit diesem Nebel und der Angst, was sich dahinter verbarg, hatte Oskar fortan leben müssen. Später, als er größer wurde, konnte er sich allmählich vorstellen, was seine Eltern und die Polizei vermuteten. Das hatte alles noch schlimmer gemacht. Als er den Verdacht ganz durchschaut hatte, beschlich ihn das Empfinden, er habe sich besudelt, ihm hafte ein schleimiger Dreckfilm an, der durch nichts zu beseitigen sei.

Seitdem hatte er sich völlig abgekapselt. Auch geheiratet hatte er nicht, so stark waren Angst und Ekel vor dem heimlichen Makel. Und diese ganze Fragerei nach abstoßenden, ekelhaften Einzelheiten, die besser für immer im Nebel verborgen blieben, würde auch jetzt wieder beginnen und sich ewig so weiterspinnen. Niemals mehr würden sie ihn in Ruhe lassen.

„Was hat Sie heute nachmittag zum Bahndamm geführt, Herr Grigull?“ fragte die Stimme, diesmal klar und voller Mitgefühl. „Kommen Sie, Sie müssen keine Angst haben, es gibt sicher eine ganz einfache Erklärung ...“ Überrascht hob Oskar zum ersten Mal den Kopf. Vor ihm saß eine grauhaarige Dame mit altmodischem Nackenknoten und liebenswürdigem Gesichtsausdruck.

„Ich weiß nicht!“

„Wirklich nicht?“ fragte sie noch einmal mit Nachdruck und sah ihn aus ruhigen Augen aufmerksam an.

„Nein!“ fuhr er sie an, wurde dann aber unsicher unter ihrem Blick. „... Oder doch ...“, murmelte er. „Ich hatte am Güterbahnhof zu tun...“

„Beruflich ...“ kam sie ihm zu Hilfe.

„Ja, ich mußte ankommende Waren prüfen.“

„Und da haben Sie den Jungen getroffen ...“

„Ja.“

In der Ferne, wo hinter den Schuppen zu beiden Seiten der Gleise der Bahndamm anstieg, hatte Oskar den Jungen herumsprigen sehen. Ehe er sich versah, war er die Schienen entlang gewandert und zwischen das Brombeergestrüpp geklettert.

„Heh, was machst du hier“, herrschte er den Jungen an, der auf den Schienen stand. „Weißt du nicht, daß das gefährlich ist?“ Oskar war erstaunt, als er sich so hörte, denn eigentlich hatte er ganz etwas anderes sagen wollen, hatte freundlich erklären wollen, daß er hier früher auch oft gespielt habe. Der Junge sah ihn unsicher an. Er war ungefähr acht Jahre alt. Wie ich damals, dachte Oskar. Laut sagte er:

„Wissen deine Eltern, daß du hier bist?“

„Nnnein ...“ stotterte der Junge.

„Dann sollte ich dich wohl besser nach Hause bringen!“

„Ich geh nicht nach Hause!“ sagte der Junge trotzig. Etwas in der Art, wie er es sagte, machte Oskar stutzig. Ein Wolkenfetzen stupste an den Horizont und huschte federleicht davon. Oskar setzte sich auf die Böschung.

„Magst du Schokolade?“

Dirk, so hieß der Junge, mochte Schokolade. Er schmatzte und kaute mit vollen Backen, während er erzählte. Vater hatte seinen Collie ins Tierheim gebracht, wegen seiner Stiefmutter. „Entweder der Hund geht oder ich!" hatte sie geschrien. Sie hatte seinen Vater erst vor kurzem geheiratet. Kinder konnte sie nicht leiden. Sie wollte sich immer nur schön machen und ausgehen und verreisen. Dabei störte Dirk. Von früh bis spät nörgelte sie an ihm herum. Nun hatte er beschlossen, hier am Bahndamm zu bleiben, wo er immer mit seinem Hund gespielt hatte.

Oskar verstand gut, was Dirk fühlte. Bei ihm hatte alles mit Vaters Unfall begonnen. „Ihr Mann wird nie wieder so, wie er war", hatte der Doktor zur Mutter nach langen Wochen zwischen Hoffen und Bangen gesagt. Da schloß Mutter das Restaurant und verkaufte das Haus. Vom Stadtrand mit seiner Nähe zum Wald und zum See zogen sie in eine anderthalb Zimmerwohnung im Stadtzentrum. Der einzige Ort, wo Oskar hätte spielen können, war ein schlotenger Hinterhof.

„Aber ich hatte ja keine Freunde mehr", sagte Oskar und sah Dirk an. „Und du, hast du Freunde?" Dirk schüttelte den Kopf. „Nicht mehr. Ich darf niemanden mehr nach Hause mitbringen." Oskar war es ebenso ergangen. Vor allem, weil Vater sich nach dem Unfall so verändert hatte und er ihn versorgen mußte. Das größte Zimmer hatte er mit Beschlag belegt. Wenn Oskar aus der Schule kam, lauerte er dort schon, übellaunig und gewalttätig, wie die Spinne im Netz. Auch die Mutter war nicht mehr dieselbe. Meist ging sie putzen. Doch wenn sie zu Hause war, schien es, als wage sie nicht mehr aufzutreten, als halte sie ständig den Atem an. Wie es Oskar ging, kümmerte keinen der beiden. Manchmal schwänzte er die Schule und ging zum Bahndamm, um wenigsten hin und wieder ungestört seinen Gedanken nachhängen zu können.

„Aber wir beide, wir könnten doch Freunde sein, nicht wahr", schlug Dirk vor. Er hatte Oskar aufmerksam zugehört und sah ihn jetzt mit großen, vertrauensvollen Augen an.

„Ja", sagte Oskar zögernd, „vielleicht." Da krabbelte eine kleine, schokoladebeschmierte Kinderhand in die große, kräftige Männerhand wie das Kücken ins Nest. Ganz vorsichtig hielt die große Hand die kleine, als sei sie zerbrechlich, dann aber mit mutigem Druck. Zusammen sahen Oskar und Dirk auf die glänzenden Gleispaare, die sich in der Ferne vereinten, und spürten dankbar die Backofenwärme aus den grauen Schottersteinen aufsteigen. Denn die heiße Augustsonne schickte sich an unterzugehen, und es wurde kühl. Staub und Ruß, aufgewirbelt, wenn ein Zug vorbeifuhr, hatten sich ihnen allmählich auf Haut und Kleider gelegt, aber sie hatten es nicht gemerkt. Eine Glocke schwebender Leichtigkeit umgab sie. Und tief drinnen wußte Oskar plötzlich: so war es auch damals, bei jener anderen Begegnung gewesen.

Befreit lächelte Oskar sein Gegenüber in diesem kahlen Zimmer an: „Wir waren eben beide ein bißchen einsam", heute wie damals, fügte er für sich selbst in Gedanken hinzu. Doch die Frau lächelte nicht. Ihr Gesicht war unbewegt und rätselhaft wie das einer Sphinx.

„Und dann? Was geschah dann, Herr Grigull? Als man Sie fand, haben Sie nicht mehr am Bahndamm gesessen."

„Ich habe Dirk erzählt, wie ich einmal weggelaufen bin und wie schrecklich das war. Ich wollte, daß er nach Hause geht. Er hat es auch versprochen, aber erst wollte er mir noch was zeigen."

Oskar war Dirk quer über die Schienen gefolgt, zu einem entlegenen Teil der Gleisanlage, wo es zwischen den abgestellten Güterwaggons schon ziemlich schummerig war. Eine schlaglöchrige Landstraße kreuzte hier, überwacht von einer automatischen Schranke. Die weit ausschwingende Schnellstraße, einige hundert Meter weiter, hatte sie längst zum Fußgängerweg degradiert. Eingeschmiegt zwischen Bahndamm und Straße stand hier ein halbverfallenes Haus. Natürlich, das ehemalige Bahnwärterhaus! Oskar spähte durch die türlose Maueröffnung in den halbdunklen Raum.

„Dirk", rief er, „bist du hier?" In einer Ecke raschelte es. „Spielst du Verstecken?" Er lachte unsicher. „Okay, ich komme!" Langsam ging er auf die gegenüberliegende Ecke zu. Dort mußte die Treppe zum Dachboden sein. Hier unten war niemand, das konnte er jetzt erkennen. Langsam stieg er hoch. Als er die letzte Stufe erklomm und das abgedeckte Gerippe des Dachstuhls aufragen sah, hörte er einen Plumps. Kinderfüße landeten weich auf dem Boden. Entwischt! Schmunzelnd stieg er wieder nach unten.

Aber da war der Junge schon in einem der Chausseebäume und schmiß kleine Ästchen runter. Und so ging es weiter, in den Straßengraben, durch das Gebüsch des Bahndamms, und sogar unter die abgestellten Waggons. Inzwischen war es stockdunkel geworden, registrierte Oskar. Er war ziemlich abgekämpft.

„Dirk, komm raus! Es ist genug!" Keine Reaktion. Oskar wurde langsam ärgerlich. Es wurmte ihn, daß er gegen die Behendigkeit und Schläue des Jungen keine Chance hatte. Jetzt raschelte es wieder im Haus. Entschlossen ging er hinein. Mit einer Hand an der Wand, die andere zur Raummitte ausgestreckt, tastete er sich langsam vorwärts. Halt! Hörte er an der Treppe nicht ein verhaltenes Atmen? Rasch griff er zu. Zwei grüne Augenschlitze glühten auf. Fauchend sprang ihn ein struppiges Fellbündel an und zog eine flammende Krallenspur über seinen linken Handrücken.

„Aahh! Verdammte Katze!" Das waren nicht nur Schmerz und Ärger über sein Unvermögen, die er jetzt fühlte. Da war noch etwas anderes. Mochte der Junge ihn wirklich, oder war auch das nur Spiel? Warum ließ er ihn hier allein? Wo, zum Teufel, steckte der Bengel nur?

Ein leises Kichern kam von oben, ein glucksender Lacher. Lachte der über ihn? Der Bengel führte ihn an der Nase herum, der hatte gar nicht die Absicht, nach Hause zu gehen! Der nahm ihn überhaupt nicht ernst. Vielleicht hatte er das von Anfang an nicht getan ... Dann hatte er sich vor einem kleinen Jungen bloßgestellt, blamiert.

Na warte, wenn ich dich kriege ... Ich werde dich zerquetschen, du kleine Laus!

Plötzlich zitterte er vor Wut. Das Blut dröhnte in seinen Ohren. Er rannte nach draußen, stolperte neben dem Gleis über eine Eisenstange. „Komm raus Dirk, komm sofort raus! Das ist kein Spaß mehr!" schrie er in das Dunkel. Er hob die Stange auf und drosch wie wild auf den Schotter ein. Gelogen, alles gelogen... der Junge mochte ihn gar nicht, keiner mochte ihn...

Wieder der Lacher. Schottersteine knirschten. Hinter ihm schleichende Schritte. Besser, du haust ab, Dirk, hau ganz schnell ab ... In ohnmächtiger Wut umklammerte Oskar die Eisenstange. – Hau ab, Dirk, hau ab, so lange du noch kannst – und schwang sie hoch in die Luft. Die Schritte verharrten. Da schnellte er herum mit der Eisenstange über dem Kopf.

Dirk stand da, ihm zugewandt. Wie gebannt starrten sie einander an – einen endlosen Augenblick lang. Plötzlich fiel die Schranke. Dirk fuhr herum und begann zu rennen. Von ferne donnerte der Zug heran.

„Dirk, paß auf!“ Oskar ließ die Eisenstange fallen, lief hinter ihm her, lief wie noch nie in seinem Leben. Bremsen kreischten. Sirenen heulten. Und dann schlagen Angst und Ungewißheit, Reue und Scham, alles Entsetzen seines Lebens, haushoch über ihm zusammen.

„Jetzt ist er soweit“, sagte die Stimme.

Róża **Domašcyna**
Schlawiner in Budissin

lungerte er
am ersten liebelangen
tag
mit einem halben liter bier vor dem freßtempel
schwankte liebäugelte nahm einen hieb lieb
so ein lackel liederjan lump
ich schritt aus dem freßtempel ging in den fetzentempel
schlenderte aus dem fetzentempel in den geldtempel
zum aufwärm
da lungerte er am zweiten liebelangen
tag
mit einem halben liter bier
schwankte liebäugelte
nahm einem hieb lieb
ich tänzelte aus dem geldtempel
in den fetzentempel dann
in den freßtempel kostete beeren kirschen pflaumen
stach mit dem daumen reckte steckte was feins ein
streckte mich auch nach einem bund lauch
zögerte
äugelte
legte den lauch
hin
schritt in den dritten liebelangen
tag
da lugte er am fetzentempel lässig befingerte
ich die lumpen die veredelten leinenstoffe das ganze
gewühl der ständer bis vor ans tor wo es warm war
wo es pustete wo er laut gab haste mal
ne mark
ich weiß nicht wer

zuerst fragte die leier
kam wie eingelernt er griente ich nahm ihn beim ärmel
wir hüpften zum freßtempel er griff sich zwei bier eins
für mich so einfach
war das

Pete Smith
Das Gespräch

Sie hatte kupferfarbenes, auf Kinnlänge geschnittenes Haar, einen feinen, blassen Teint und grüne Augen, wie ihm gleich auffiel. Sie trug ein schlichtes, himmelblaues Kostüm, darunter eine unauffällige Bluse und als einzigen Schmuck eine dünne Halskette, an der ein kleiner silberner Ring hing, den sie ebensogut am Finger wie am Ohr hätte tragen können. Als er sie das erste Mal so sah, fühlte er sich wie ein Frosch, den man einige Male zu oft gegen die Wand geworfen hat. Unmöglich, daß ihr Lächeln ihm galt; unmöglich auch, daß sie ihn meinte, als sie zu ihm hoch blickend auf den freien Stuhl neben sich deutete und sagte:

„Setzen Sie sich doch. Ich beiße nicht."

Er tat so, als müsse er dringend einen Fussel von seinem Jacket entfernen, ein Vorwand, der es ihm ermöglichte, noch einmal einen kurzen Blick über seine rechte Schulter zu riskieren, nur um wirklich sicher zu gehen, daß er auf diesem langen, weiten Flur wirklich der einzige war, dem ihre Worte gelten konnten.

Sie war so schön, daß die Nervenenden in seinem Gehirn anfingen, verrückt zu spielen, und seine Augen abwechselnd aufforderten, jeden Quadratmilimeter ihres Gesichts abzutasten und aufzusaugen, dann aber wieder abrupt wegzusehen, weil er den Aufruhr in seinem Inneren kaum verkraftete. Das Resultat war, daß er sich wie ein Epileptiker gebärdete (jedenfalls empfand er dies so), während sie ihn anlächelte wie ein Kind.

Irgendwann gelang es ihm, seine Aktentasche so zu plazieren, daß er, während er anscheinend geschäftig seitenweise den Inhalt inspizierte, die Frau dahinter ohne Gefahr, durchschaut zu werden, von der Seite her betrachten konnte: Er war sicher, niemals zuvor ein solch harmonisches Zusammenspiel von Schönheit und Anmut beobachtet zu haben. Nur die seltenen Male, da er sich an einem klaren Morgen in die aufgehende Sonne versenkt hatte, war er ähnlich berührt gewesen wie in den Momenten, da er sie jetzt ansehen durfte.

„Sie scheinen gut vorbereitet zu sein“, sagte sie beiläufig, und er spürte, wie ihm das Blut ins Gesicht schoß. Er stopfte die Papiere, die er gerade in der Hand hielt, zurück in den Aktenkoffer und haßte in diesem Moment beides, weil sowohl die Papiere als auch der Aktenkoffer viel zu wichtig aussahen, wichtig und adrett.

„Nein, nein“, beeilte er sich zu erwidern, „das hat mit dem hier nichts zu tun. Das sind die Unterlagen einer Freundin, die ich prüfen soll.“

Im selben Moment hätte er sich auf die Zunge beißen können, so dumm war seine Antwort. Und warum „Freundin“ und nicht „Freund“? – womöglich hielt sie ihn jetzt für jemanden, der Frauen durch kleine Gefälligkeiten zu imponieren versuchte.

Er blickte verstohlen zur Seite und bemerkte, daß sie ihn direkt ansah:

„Und? Wieviele Gespräche haben Sie schon hinter sich?“

„Erst ein paar“, antwortete er und brachte keinen weiteren Ton heraus.

Es gab keine Worte, die sich ihm aufdrängten, ihre Schönheit zu greifen und festzuhalten, nur Bilder und Melodien, die allerdings seelenlos blieben, während ihre Augen das Geheimnis des Lebens preiszugeben schienen.

„Nervös?“ Sie lächelte ihn an, als sei er der einzige Mensch auf der Welt.

Er nickte: „Ein bißchen. Ja.“

„Ich weniger“, plauderte sie drauf los. „Bei mir hängt nicht allzu viel davon ab, ob ich den Job bekomme oder nicht. Wenn ich es mir recht überlege, habe ich sogar ziemlich wenig Lust auf einen geregelten Acht-Stunden-Tag mit einer Stunde Mittag und lauter hektischen Leuten, denen in dieser Stunde nichts Besseres einfällt, als einen mit ihrem ’Mahlzeit! Mahlzeit!’ zu torpedieren.“

Vielleicht hat sie geerbt, dachte er, vielleicht lebt sie auch noch bei ihren Eltern – oder sie ist verheiratet. Der letzte Gedanke versetzte ihm einen Stich, und er wischte ihn weg wie eine lästige Fliege.

Eine Zeitlang saßen sie schweigend nebeneinander. Eigentlich war er nicht auf den Mund gefallen, doch die Frau neben ihm machte ihn einfach sprachlos. Fragen schossen ihm durch den Kopf, die er schon im nächsten Moment wieder verwarf, da sie zu banal klangen, um sie nur ein bißchen für ihn einzunehmen. Andere schienen ihm zu direkt – schließlich wollte er sie nicht überfordern; es gab zu viele Männer auf der Welt, die gleich mit der Tür ins Haus fielen: eine Hypothek, an der jeder noch so höfliche Mann ein Leben lang trug.

„Und warum sind Sie dann überhaupt hier?“ Die Frage hatte ein anderer gestellt, er lieh ihm seine Stimme.

„Na ja“, antwortete sie, „das schlechte Gewissen, nehme ich an.“ Ihr Lächeln war wie ein Schmetterling, der viel zu schnell vorüberflog. „Und überhaupt: Irgendetwas muß man ja schließlich tun.“

Am Ende des Flurs wurde eine Tür geöffnet. Eine Frau trat heraus und stöckelte ihnen auf hohen Schuhen entgegen. Als sie näher kam, sah er, daß ihre Haare sehr blond, ihre Lippen sehr rot und ihre Pumps wirklich sehr hoch waren. Sie blieb vor ihnen stehen, blickte auf einen Zettel, dann ihm ins Gesicht und fragte: „Herr Boronowski?“ Er nickte, und die Blonde hauchte: „Kommen Sie, bitte?“

Er stand auf, klemmte sich seinen Aktenkoffer unter den Arm und blickte ein letztes Mal auf seine Mitbewerberin, die ihm aufmunternd zuzwinkerte und ihn dann mit einem Lächeln wie von einer anderen Welt versah: „Viel Glück!“

„Dann wollen wir mal“, sagte er mehr zu sich selbst und folgte den roten Pumps. Sie schritten den langen Flur zurück, um zwei Ecken herum und blieben vor einer ledernen Tür stehen. „Bitte, gehen Sie herein, Herr Bulthaupt erwartet Sie“, hauchten die roten Lippen und ließen ihn allein. Ohne zu klopfen, drückte er die Klinke herunter.

Hinter einem mächtigen dunkelbraunen Schreibtisch saß ein Mann, der wahrscheinlich nicht viel älter als vierzig war, aber mit seinem feinen Schnauzbart und den Geheimratsecken, seiner in Falten gelegten Stirn und seinen schmalen Lippen mindestens wie 60 aussah. Er stand weder auf, noch blickte er von seinen Unterlagen hoch, als sich ihm Boronowski näherte, sondern murmelte kaum hörbar:

„Herr Boronowski?“

Boronowski spürte, wie ihm heiß wurde. Nicht aus Unsicherheit, sondern vor Wut. Arrogante Typen wie dieser hatten ihm in ähnlichen Situationen wie dieser schon mehrfach gegenübergesessen. „Sooo“, machte der Mensch und sah abwechselnd auf seine Unterlagen und auf Boronowski, der diese langgedehnten „Sooos“ so sehr haßte wie diese wichtigen, schnauzbärtigen Gesichter. Am liebsten wäre er gleich wieder aufgestanden, doch die vergangenen Monate, in denen er viel zu viel Zeit zum Nachdenken und viel zu wenig zu tun gehabt hatte, hielten ihn auf seinem Sitz.

Nach einer Ewigkeit, in der es Boronowski immerhin gelungen war, die abschätzenden, fast verschämten Blicke seines Gegenübers kalt zurückzuwerfen, fing dieser an, ihn mit einer ganzen Reihe banaler Fragen zu langweilen, deren Antworten er wohl hätte kennen müssen, hätte er vor ihrem Gespräch nur einmal in Boronowskis Bewerbungsunterlagen geblickt. Warum Boronowski seit seinem Referendariat vor einem halben Jahr ohne Arbeit war, genauer gesagt seit seinem zweiten Staatsexamen nicht die geringste Aussicht auf eine Stelle im Schuldienst hatte, durfte einem halbwegs gebildeten Zeitgenossen, der hin und wieder die Zeitung las oder wenigstens die Nachrichten im Fernsehen verfolgte, keine ernsthafte Frage wert sein. Auch das Rätsel, weshalb sich dieser Lehrer ausgerechnet in einem Buch-Verlag um eine Stelle bewarb, schien nicht gerade unlösbar zu sein. Und hinter der Frage, ob ein arbeitsloser Bewerber, der sich seit einem halben Jahr verzweifelt um eine Anstellung bemühte, willens war, auch einmal mehr als die tarifvertraglich geregelten siebenunddreißigeinhalb Stunden die Woche zu arbeiten, konnte sich nur noch Dummheit verbergen. Je häufiger der Schnauzbart den Mund aufklappte, desto mehr verlor Boronowski an Respekt. Als ihn der feine Herr schließlich aufforderte, seinerseits Fragen zu stellen, konnte Boronowski nicht anders:

„Gibt es in Ihrem Verlag auch einen Betriebsrat?“

Aus dem Gesicht des Schnauzbarts wich jede Farbe. Boronowski mußte grinsen und nickte bedächtig, ganz so, wie es sein Gegenüber vorhin getan hatte.

„So“, sagte er nur, wobei er sich Mühe gab, das „O“ möglichst lange zu dehnen. „Sooo. Das habe ich mir doch gedacht.“

Noch bevor sein Gegenüber Gelegenheit hatte, auf Boronowskis „So“ zu antworten, stand dieser auf, ging um den

Schreibtisch herum auf den Schnauzbart zu, der unwillkürlich zurückzuckte, nahm ihm die Unterlagen aus der Hand, blickte noch einmal in sein leeres, schnauzbärtiges Gesicht, blies ein weiteres „So“ hinein und ging.

Wie lange hatte Boronowski auf einen Augenblick wie diesen gewartet! Einen Augenblick, in dem er stark genug sein würde, aufrecht aus einem Zimmer wie diesem zu gehen. Plötzlich war der lange Flur ein Fluß, der ihn trug, ruhig und kraftvoll zugleich. Boronowski schwappte an unzähligen Türen vorbei, Türen aus Holz oder Leder, bis er endlich an jene Bank gespült wurde, auf der er noch vor kurzem gesessen und auf das vermeintliche Gottesurteil gewartet hatte, das über sein Leben entscheiden sollte. Am Ende hatte er selbst entschieden.

Jetzt war die Bank leer. Seine Mitbewerberin war wohl schon den roten Stöckelschuhen gefolgt – oder sie hatte im letzten Moment die Entscheidung darüber, ob sie ihre Freiheit wirklich aufgeben sollte, um eine weitere Bewerbung verschoben.

Boronowski wischte diesen Gedanken beiseite und beschloß, im Café auf der anderen Straßenseite auf sie zu warten. Beseelt von seinem Sieg über den Schnauzbart, war er überzeugt, sie wiederzusehen – wenn nicht an diesem Tag, so an einem der folgenden.

Er setzte sich ans Fenster und bestellte zunächst einen Espresso, später ein Glas Wasser und schließlich ein kleines Eis, das er eher lustlos aus dem Becher löffelte, um sich die Zeit zu vertreiben. Es verging vielleicht eine Stunde, in der ebenso viele Menschen in das Verlagsgebäude hinein- wie hinausgingen. Menschen, von denen die meisten so unauffällig aussahen wie er selbst: eingewickelt in Anzug oder Kostüm von der Stange, weißes Hemd oder weiße Bluse und versehen mit Frisuren wie aus dem Quelle-Katalog.

Boronowski hatte eigentlich nicht daran gezweifelt, daß sie diese Tristesse irgendwann durch ihr Auftreten wegpusten würde; als sich die Eingangstür aber schließlich öffnete, sie heraustrat und die Augen gegen die tiefstehende Sonne beschattete, da war ihm, als habe er eine Erscheinung! Das Bild brannte sich ihm ein, so als sollte er es anstelle eines Brieftaschen-Fotos fortan bei sich tragen: ihre kupferroten Haare, von der Sonne entflammt, die Silhouette ihres zarten Körpers auf die weiße Marmorwand getupft und zu allem das unwirkliche Licht des sich neigenden Tages. Boronowski fühlte sich benommen und erhaben zugleich.

Er steckte der Kellnerin im Vorübereilen einen Schein zu, der reichlich Trinkgeld enthielt, und rannte hinaus, um die Frau mit dem kupferfarbenen Haar auf der Straße abzupassen. Dabei war seine Eile umsonst: Als er die Straße überquerte, stand sie noch immer vor der Eingangstür des Verlagsgebäudes, als schien sie auf jemanden zu warten. Als sie ihn sah, strahlte sie ihn mit ihren grünen Augen an und sagte so beiläufig, als hätten sie sich erst vor einer Minute getrennt:

„Er will mich unbedingt. Ja, wirklich." Und nach einer kurzen Pause, in der sie in sich hineinzuhorchen schien: „Was ist denn bloß vorgefallen, daß er so böse auf Sie war?"

Die tiefstehende Sonne strahlte sie an wie einen Filmstar. Stockend begann Boronowski zu erzählen, was geschehen war. Dabei schlug sein Herz so heftig, daß er meinte, sie müsse es seinem weißen Hemd ansehen. Als er schließlich auf seine Frage nach dem Betriebsrat zu sprechen kam, blickte sie ihn ungläubig an und fing dann so heftig an zu lachen, daß sie und Boronowski einen herrlichen Augenblick lang zum Mittelpunkt der Welt verschmolzen.

„Mein Gott, wirklich?", sagte sie, „wie gerne hätte ich sein Bullenhaupt in diesem Moment gesehen!"

Hinter ihnen öffnete sich die Tür und spuckte eine weitere Gruppe nichtssagender Anzugträger raus. „Lassen Sie uns ein paar Schritte gehen", sagte sie. „Einverstanden?"

Während sie Richtung Innenstadt spazierten, erzählte sie Boronowski, wie es ihr selbst ergangen war. Unhöflich sei der große Bulthaupt ihr gegenüber ganz und gar nicht gewesen, im Gegenteil: Schon an der Eingangstür habe er sie empfangen und persönlich zu ihrem Stuhl begleitet. „Der Ochsenkopf hat ganz genau über mich Bescheid gewußt und sein Wissen immer wieder in die Unterhaltung einfließen lassen." Das Vorstellungsgespräch sei von Bulthaupts Seite im übrigen sehr offen geführt worden, fuhr sie fort, wobei Offenheit vielleicht nicht der passende Ausdruck sei für die Art und Weise, wie „das Kuhgesicht" sowohl seine Fragen als auch seine Angebote zu formulieren pflegte.

Während sie erzählte, blieb sie immer wieder stehen, um Boronowski durch eindrucksvolle Gesten und eine entzückende

Mimik begreifbar zu machen, wie sich der Schnauzbart vor ihr gespreizt hatte.

„Und wissen Sie, was das Schönste ist?“, fragte sie schließlich und faßte Boronowski am Arm. „Am Ende hat er mir eine Stelle angeboten, die noch gar nicht ausgeschrieben war: Wie es mir gefallen würde, als Vorstandssekretärin zu arbeiten, hat er mich gefragt, mit einem großzügigen Einkommen, versteht sich, das einer Vertrauensposition wie der skizzierten durchaus angemessen sei.“ Sie machte ein verschwörerisches Gesicht. „Na, raten Sie mal, wer in zwei Monaten den Vorstandsvorsitz übernimmt! Richtig. Ich sag' nur: Vertrauensposition!“

Sie standen vor einem Schaufenster, und sie sah ihn mit ihren meergrünen Augen erwartungsvoll an. Einen Moment lang war Boronowski versucht, sich einfach fallen zu lassen und einzutauchen in dieses Meer, darin zu baden und sich treiben zu lassen, ohne nachzudenken, doch fürchtete er plötzlich zu ertrinken und widerstand der Versuchung.

Noch immer hielt sie seinen Arm. Der Moment, ihre Hand einfach wegzunehmen, war vorüber, das schien auch sie zu wissen

„Wie heißen Sie eigentlich?“, fragte er und half ihr aus der Verlegenheit, indem er sich umdrehte und seinen Aktenkoffer gegen die Wand stellte. „Wir haben uns noch gar nicht vorgestellt.“

„Thandie“, antwortete sie, als habe sie auf seine Frage gewartet. „Das schreibt sich T-H-A-N-D-I-E und ist ein Bantu-Name. Meine Eltern waren auf einem Afrika-Trip, als sie mir auf die Welt halfen.“ Sie lächelte ihn an. „Sicher wollen Sie jetzt wissen, was Thandie bedeutet, oder? Das wollen nämlich alle, die meinen Namen zum ersten Mal hören. Aber versprechen Sie mir, daß Sie nicht lachen werden, ja?“

Boronowski nickte.

„Die, die geliebt wird“, sagte sie und lachte jetzt selbst. „Meine Eltern müssen gutes Gras geraucht haben, um auf so einen Namen zu kommen, finden Sie nicht?“

Boronowski hatte noch nie Gras geraucht, aber er fand, daß der Name wirklich zu ihr paßte.

„Und Sie?“, fragte Thandie, „wie heißen Sie?“

„Karl-Heinz Boronowski“, antwortete Boronowski. „Ich

könnte mir vorstellen, daß auch meine Eltern Gras geraucht hatten, als sie mir diesen Namen verpaßt haben."

Beide mußten lachen, und während sie weitergingen, hakte sich Thandie bei Boronowski ein, als kennten sich beide schon ein Leben lang.

„Bis nächste Woche soll ich mich entschieden haben", sagte Thandie nach einer Weile. „Bulthaupt hat mich für Mittwoch eingeladen, dann will er mir den Vertrag vorlegen."

„Und? Was werden Sie tun?" Boronowski sah sie forschend an.

„Ich werde selbstverständlich hingehen", antwortete sie prompt und blieb stehen. „Was dachten Sie denn?"

Boronowski wußte nicht, was er gedacht hatte, gewünscht hatte er sich jedenfalls etwas anderes. Doch noch bevor sie es in seinen Augen hätte lesen können, sagte sie beiläufig:

„Wollen Sie mich nicht begleiten?" Dabei lachte sie. „Ich könnte mir vorstellen, das wird ein reizender Nachmittag."

Boronowski sah in ihre meergrünen Augen und ließ sich endlich fallen. „Ja", sagte er, als er eintauchte, „ja, das will ich."

Meinolf Heppekausen

Fliegt!

Am liebsten möchte ich gar nicht mehr rausgehen. Unten auf der Straße die Kinder lachen schon, wenn sie mich sehen. Und einer, der kleine, dicke Türke, der immer an der Ecke steht und diese gelben Bonbons lutscht, hat sogar einen Stein nach mir geworfen.

„Spinner", hat er gerufen, „hau ab, du Spinner!"

Nein, ich möchte lieber oben bleiben. Ganz allein in der Küche sitzen und lesen. Aber das geht nicht.

„Jetzt, wo Papa uns verlassen hat, mußt Du mir wenigstens helfen", sagte Mam. Dabei sah sie mich traurig an, und ich merkte an ihren roten Augen ganz deutlich, daß sie wieder einmal geweint hatte. Aber nicht wegen Papa. Mit dem hat sie sich doch sowieso nur gestritten. Wegen mir hat sie geweint. Weil sie glaubt, daß ich lüge. Aber ich lüge nicht. Ganz bestimmt nicht.

„Geh uns noch ein Brot holen", sagte sie leise, „hier ist Geld."

Ich lief los und war froh, daß niemand von den andern, die sonst mit mir spielen, auf der Straße war.

Aber auch die Frau beim Bäcker, die mit den grauen Haaren und der weißen Schürze, war ganz anders als sonst. Wie sie mich ansah! So eigenartig, so, als wolle sie mich gleich bestrafen.

Sie wickelte das Brot in einen Bogen Papier und schob es zu mir herüber.

Heute morgen, gleich nach der ersten Stunde, hatte mich der Lehrer zur Rede gestellt.

„Komm doch mal her", hatte er gesagt, „was erzählst du denn da plötzlich für einen Unsinn?"

Ich erklärte ihm, daß es wirklich kein Unsinn sei und alles tatsächlich so gewesen sei, wie ich es erzählt hatte. Da sah er mich nur an, den Kopf zur Seite gedreht, und ging davon.

Als er den Flur hinunterging, murmelte er etwas vor sich hin. Das Wort „Arzt" habe ich ganz genau gehört. Die andern aus meiner Klasse, die auf dem Flur herumstanden, wohl auch. Sie fingen nämlich alle an zu lachen. Einer stieß mich sogar in den Rücken.

Ob das nun ein Arzt war oder der Mann von der Polizei, von dem meine Mutter gesprochen hatte, wußte ich nicht. Jedenfalls sagte er mir nicht, wer er war, als er am Nachmittag zu uns kam.

„Am besten ist“, sagte er freundlich zu meiner Mutter, „ja, ich glaube, es ist am besten, ich rede mal allein mit dem Jungen.“

Dann legte er mir eine Hand auf die Schulter. Als meine Mutter das sah, bekam sie wieder rote Augen. Mir wurde richtig schlecht. Ich glaube, ich hätte mich schämen müssen. Aber ich schämte mich nicht.

„Und jetzt,“ begann der Mann mit der freundlichen Stimme, „jetzt erzählst du mir noch einmal die ganze Geschichte. Ganz von vorn. Du willst doch auch, daß dein Papa bald wiederkommt, ja?“

Und als ich nickte, sagte er noch, daß er mir ganz gewiß helfen könne, ja, da sei er ganz sicher.

Also, das war so, fing ich an, Papa kam an diesem Tag schon früh nach Hause. Viel früher als sonst. Vielleicht so gegen drei. Er sah ganz komisch aus im Gesicht. So rot. Zuerst dachte ich, er hätte mich gar nicht bemerkt. Aber dann drehte er sich plötzlich zu mir herum und sagte einfach nur: „Fliegt.“

Ich habe das nicht verstanden. Dann kam er auf mich zu und griff nach meinem Arm.

„Fliegt“, sagte er noch einmal, „stell dir vor, Junge, da sagt unser Prokurist, der Lehmann, zum Personalchef: Fliegt. Fliegt, der Bundtke. Verstehst du, Junge?“

Aber ich wußte nicht, was ein Prokurist ist. Nur wer Bundtke ist, das wußte ich. Das ist nämlich mein Vater.

Ja, und dann hat er mich gestreichelt. Aber angeguckt hat er mich nicht. Einfach nur aus dem Fenster gesehen. Später ist er in die Küche gegangen und hat sich eine Flasche Bier geholt.

„Komm, geh ein bißchen mit mir. Einen kleinen Spaziergang machen.“

Aber ich hatte keine Lust, weil mein Vater so komisch war.

„Nur bis zur Isar hinunter.“

Ich bin dann doch mitgegangen. Aber unterwegs ist mein Vater manchmal stehengeblieben, hat den Kopf geschüttelt und immer gemurmelt: „Fliegt“.

ERST
DIE ARBEIT,
DANN DAS
VERGNÜGEN,
ODER WAR'S
UMGEKEHRT?

Ein- oder zweimal hat er sogar gelacht. Aber ganz anders als sonst. Ich habe mich etwas geschämt und gedacht, hoffentlich sieht uns keiner.

Dann wollte er mir plötzlich ein Eis kaufen. Aber unten an der Isar gab es kein Eis.

An der Brücke sind wir stehengeblieben, und mein Vater hat auf das Wasser geschaut und dann in die Luft gestarrt.

„Fliegt“, sagte er wieder, und seine Stimme klang ganz lustig.

„Stell dir vor, Junge, Bundtke fliegt. Dein Vater fliegt.“

Aber das konnte ich mir nicht vorstellen.

„Du kannst doch gar nicht fliegen“, habe ich dann noch gesagt. Aber da hat er mich einfach nur angesehen. Ganz nachdenklich.

„Junge“, sagte er dann, „aber lieber Junge!“, so, als begreife er mich nicht.

Ja, und dann ist er plötzlich auf das Brückengeländer gestiegen, hat die Arme ausgebreitet und ist fortgeflogen. Erst über den Fluß, dann über die Hügel dahinter. Ich habe es ganz deutlich gesehen.

Und als er schon ganz klein war, da hat er sich noch einmal umgedreht, gelacht und zu mir heruntergerufen „Fliegt. Ja, Junge, er fliegt.“

Horst Matthies
Von der Wende verweht

Papa ist weg. „Von der Wende verweht,“ sagt Mama. „Der Schweinehund. – Aber ich habs ja gewußt. Von Anfang an, hab ich das gewußt, daß der nicht zu halten sein wird. Aber man ist ja wie blöd, wenn man sich erst mal hat anfassen lassen von so einem. – Mach was.“

Mehr sagt Mama nicht dazu. Sie ist drüberweg. Jetzt läßt sie sich immerzu anfassen, von jedem, gegen Geld.

„Mach was,“ sagt sie auch dazu. „Oder soll ich mich vielleicht mit dir vor’n Aldi setzen mit ’nem Schild vorm Hals: ’Wir fliegen aus der Wohnun’? Ich hab auch meinen Stolz. Und meine Beine hab ich. – Andere rennen damit. Die kriegen mehr. Und Doping machen sie auch.“

Mama macht auch Doping, jeden Abend, bevor sie losgeht. Irgendwas Geheimes. Das hat sie sich selber zusammengemixt. Sie war ja mal in der Chemie. Aber die Chemie gibt es nicht mehr. Und auch was anderes gibt es nicht, außer ABM. Aber dafür muß man gemeldet sein.

Mama hat sich nicht gemeldet. Auch da hat sie ihren Stolz, hat sie gesagt: „Oder seh ich aus, wie eine, der man Rente geben muß? – Ich find’ schon was.“

Was sie gefunden hat, hat sie mir gleich nach dem ersten Mal gesagt. Das war noch mitten in der Nacht. Ich hatte sie irgendwie seltsam gurgeln gehört. Und als ich in ihr Schlafzimmer gucken gegangen bin, lag sie unter einem Mann, der irgendwie komisch auf ihr herumrankerte und dann aufstöhnte und nach seiner Brille suchte.

„Mama, wer ist das?“ hab ich da gefragt. Und sie hat zu dem Mann gesagt: „Das war’s, okay?– Und nun troll dich. Ich muß was mit meinem Kind bereden.“

Bis sie sich gewaschen hatte, hab ich dann im Wohnzimmer auf der Klappcouch gesessen und auf den Hundertmarkschein geguckt, den sie auf den Tisch gelegt hatte. Er war ganz neu. Und der Mann hatte ihn aus einem ganzen Bündel in seiner Brieftasche gezogen.

„Das war echt gut," hat er dazu gesagt. Und ehe er die Tür hinter sich zugezogen hat, hat er mich angesehen, als ob ich ein dreckiges Tempotaschentuch wäre.

Das hat es mir leicht gemacht, als Mama sagte: „Nicht, daß du denkst, ich such nach einem neuen Vater für dich." Denn irgendwie hatte er wirklich ein bißchen wie Papa ausgesehen. Jedenfalls ein bißchen nach dem, was ich noch von ihm weiß: groß und schlank und dunkelbraunes, gewelltes Haar über der Brille. Aber so angeguckt werden? Nein. Ich glaube ich hab da auch so etwas wie einen Stolz.

„Ganz geradezu," hat Mama dann gesagt. „Ab heute geh ich auf den Strich. Was das ist, weißt du sicher schon lange aus dem Fernsehen. Ist ja oft genug zu sehen, wie sie auf den Lackgesichtern rumhampeln. Was dabei passiert, brauchst du nicht zu wissen. Das verstehst du sowieso noch nicht. Aber es gibt Männer, die zahlen dafür 'ne Menge Geld. Hast' ja gesehen. – Ein paarmal werde ich es noch hier machen müssen, bis ich weiß, wieviel es bringt. Dann nehm ich eine extra Wohnung. Mein Vorteil ist, ich hab kein Lackgesicht. Das mögen die Wessis. Die haben ihre aufgepuderten Puten schon lange satt."

Dann hat sie mich in den Arm genommen, und dann hat sie geheult, wie ich sie noch nie habe heulen sehen, nicht einmal, als sie den Zettel von Papa auf dem Tisch fand: „Jetzt ist sie da, die Freiheit, die ich immer wollte. Ich nehm sie mir. Mach's gut, mein Schatz. War schön mit Dir. Du kommst schon durch."

Am nächsten Tag stand in der Zeitung, daß die Chemie zumacht. Und da hat sie geschrien: „Du Schwein! Du erbärmliches Schwein! Du hast doch ein Kind! Du hast doch nicht nur mich!" Und dann hat sie auf den Teppich gespuckt. Alles, was sie im Magen hatte, hat sie auf den Teppich gespuckt, und ist umgefallen und drin liegen geblieben.

„Ich will ihn nie wieder sehen," hab ich da zu ihr gesagt: „Mama, ich will ihn nie wieder sehen. Wenn er kommt, schieß ich ihn tot."

Drei Jahre war ich damals alt. Jetzt bin ich sieben. Und bis auf das eine Mal, als der Mann mich wie ein schmutziges Tempotaschentuch angesehen hat, hab ich wirklich immer nur gedacht: „Ich schieß ihn tot," wenn ich an Papa dachte. Wer meiner Mama so weh tut, daß sie auf ihren Teppich spuckt und sich drin wälzt und liegen bleibt, der gehört totgeschossen. Da gibt es nichts anderes.

Ich weiß nicht, wie lange es Mama in unserer Wohnung gemacht hat. Sie hat die Schlafzimmertür abgepolstert und den Schrank an die Wand zum Kinderzimmer gerückt, mit Schaumgummimatratzen vom Sperrmüll dazwischen, damit ich nichts hören muß. Und wenn sie abends losging, dann hat sie gesagt: „Sorg dich nicht. Ich komm schon nicht unter die Räder. Wir kommen beide nicht unter die Räder."

Am Anfang ist sie immer erst spät losgegangen, damit die Leute im Haus es nicht merkten. Dann wurde es immer früher. Und als sie eines Tages schon nachmittags losging, hat sie mir erklärt: „Ich hab jetzt Stammkunden. Die können bloß unmittelbar nach Büroschluß. Da erzählen sie zu Hause, sie haben im Stau gestanden. Da kann ich auch besser die andere Wohnung halten."

Den Leuten im Haus hat sie erzählt, sie hätte jetzt etwas mit Zukunft gefunden: „Tupperware. – Das läuft alles nur über private Kontakte. Man organisiert Partys am Abend und führt es vor. Die Leute empfehlen einen dann weiter. Am Ende stellt man selber welche an." – Nur bei uns im Block, da ließe sie das aus. „Ist alles bloß zusätzlicher Müll. Sollen sich die vom Beamtenviertel das Geld aus der Tasche ziehen lassen."

Als sie das erste Mal morgens nicht in ihrem Bett lag, hat mein Herz geklopft, daß ich dachte, es springt mir aus dem Hals. Und ich hab mich auf den Teppich gelegt und hab das Bein vom Tisch umarmt. Ganz fest hab ich es an mich gedrückt, damit es mir hilft, das Herz im Leib zu halten. Einen richtig tiefen roten Striemen hatte ich davon im Gesicht, als sie nach Hause kam. Und sie hat gedacht, ich hab mich umbringen wollen. Aber es war nur, weil ich das Tischbein so fest an mich gedrückt hatte.

Danach haben wir zusammen auf dem Teppich gelegen und sie hat mich gestreichelt und Lieder gesungen, bis wir beide eingeschlafen sind.

Dann hat sie wieder ganz geradezu mit mir gesprochen. „Martin," hat sie gesagt, „Es ist ein schmieriges Geschäft. Die meisten sind Säue. Da bist du froh, wenn du es hinter dich gebracht hast, ohne daß dir das Kotzen kommt. Aber manchmal da ist eben einer, der hat so einen Ton im Hals, daß du denkst: Mein Gott. Jetzt, sich mal fallen lassen können. Und wenn er dich dann noch streichelt ... Man kann eben nicht immer bloß wie eine Maschine sein. – Heute Nacht, das war so einer. Er hat mir ins Ohr gesungen, ganz leise: Du bist ein Feld, Kamillenduft und Rittersporn. Das schwebt im Wind zum Horizont, wo weiße Wolken fliegen. Da bin ich eingeschlafen. Und früh hab ich gedacht, dafür muß ich ihm wenigstens ein Frühstück spendieren. – Aber wenn du meinst, daß ich mir das verkneifen soll, dann laß ich's und komm nach Hause, wie immer."

„Nein, nein," hab ich da gesagt. „Ist schon okay." Und sie hat gelacht.

Auch als sie das mit dem Doping angefangen hat, hat sie ganz geradezu mit mir gesprochen. „Es ist ganz harmlos," hat sie gesagt, „und es macht auch nicht abhängig. Aber für manche Typen brauch ich so etwas. Es macht dir das Fell dick. –Wenn du aber mal sehen solltest, daß ich's immerzu nehme, dann sagst du: Hör auf, Mama! Und ich verspreche dir, daß ich dann aufhöre. Auf den Schlag höre ich auf und fasse es nie wieder an."

Ich hab's nicht gesagt. Und ich hab's auch nicht gesagt, als sie immer öfter erst am Mogen nach Hause kam und sich gleich hinlegte und einschlief. Und ich hab's auch nicht gesagt, als Frau Schachtschneider aus der Nachbarwohnung uns aus der Zeitung vorlas, daß es einen Bandenkrieg gäbe, wegen der vielen Frauen aus dem Osten, die sich eine schnelle Mark machen wollten. Und daß sie zwei davon schon umgebracht hätten. Die Gurgel durchgeschnitten und auf der Autobahn aus dem fahrenden Auto geworfen.

Und meine Mama ist schon den dritten Tag nicht nach Hause gekommen.

„Papa, ach Papa, warum bloß hast du diese blöde Freiheit haben wollen!"

Dirk Bierbaß
Ohne uns

Das Problem ist ja immer nur,
daß uns keiner versteht,
was aber auch gar nicht so schlimm ist,
immerhin verstehn wir sie;
wir haben die lange durchschaut,
kein Wunder also, daß wir immer wieder mal
losziehn, mit der Axt unterm Arm,
um in der Commerzbank am Markt
oder der italienischen Eisdiele nebenan
für Stimmung zu sorgen;
oder daß wir uns ab und zu
auf die Gleise legen
und regelmäßig Pech dabei haben,
weil die S-Bahn auf diesen Strecken grade
wegen Bullshit nicht fährt,
Polizei oder Feuerwehr anrückt,
und wir grade noch abhauen können,
bevor die ihren Schock hinter sich haben,
weil die uns schon für Hackfleisch hielten;
natürlich kriegen die uns dann,
während wir in der Dessous-Abteilung
des nächsten Kaufhauses verschnaufen,
und uns die Weiber dort angucken,
als würden wir eben am Frauenhaus klingeln
und in die Oben-Ohne-Bar wollen,
und die Fetzen dann fliegen
und sie uns in die Psychiatrische fahren,
wo sie uns erstmal im Flur warten lassen
und wir mit den Nüssen vom Knabberteller
die Kugeln vom Stationsweihnachtsbaum ballern,
eine nach der andern;

Was ist nun besser, fragen wir schließlich den Oberpsycho:
einen dieser Fuzzis erschlagen, um an sein Geld zu kommen,
weil man grade keins hat,
oder Millionen von diesen Idioten ringsum
zu killen, irgendwelcher Weltverbesserungsideen
zuliebe; Ich schätze, sagt der Obermacker dann
mit väterlicher Stimme,
sie werden noch 'ne Weile hier bleiben müssen;
und da sind wir nun
und stehn an der Tür hier unten,
wo sie alle vorbeigehn.
Und wir brauchen
nicht mit.

Birgit H. Hölscher

Ein Tag im Leben

Es gibt Tage, die schmecken wie Eisen. Das schartige Eisen der Stange am Spielgerüst aus deiner Kindheit. Die Stange, gegen die dich damals der fette Udo, dein ärgster Feind auf dem Hof, mit feistem Grinsen gedrückt hielt. Und du hingst mit dem Gesicht am kalten Metall, Sand in den Haaren, die Hände hilflos geballt. Die anderen Kinder johlten. Deine Zähne knirschten. Die Demütigung wühlte in deinen Gedärmen.

Schon beim Aufstehen hängt dir diese metallische Reminiszenz am Gaumen. Das zerwühlte Laken erinnert dich in seiner Leere nachdrücklich an das Fiasko der letzten Nacht.

Du versuchst, mit einer Überdosis Mundwasser, den schalen Nachgeschmack deiner sexuellen Niederlage zu übertönen.

Ohne Erfolg. Deine eigene Totenfratze starrt dir aus dem trüben Spiegel entgegen.

Zum sonst so tröstlichen Blubbern der Kaffeemaschine versuchst du dir vergebens einzureden, daß die Frau es gar nicht wert gewesen war. Doch etwas in dir weiß es besser. Schließlich hast du gestern abend unzählige Mineralwasser lang neben ihr ausgeharrt. Ihre, mit jedem Bier, das ihre zarte Kehle hinunter rann, wachsende Großartigkeit ausgehalten. Hast dich gutmütig lächelnd von ihr und ihren Freundinnen verlachen lassen. Warst wild entschlossen gewesen, mit ihr deine wochenlange nächtliche Einsamkeit zu durchbrechen.

Und hast versagt. Deine Finger klauben zitternd die letzten Tabakkrümel aus der Packung.

Klar, Liebe war es nicht gewesen. Was ist das schon. Liebe. Nie gekannt. Nicht einmal als Utopie. Ihre Abwesenheit die Ursache deiner Lebensmisere.

Doch nur nicht jammern jetzt! Wohin das führt, zeigen dir die alten Narben auf deinen Armen. Du saugst den Rauch gierig in die Lungen.

Am Briefkasten dann die nächste Faust in deinen Magen. Auf ekelhafte Art knistert sich der rosa Mahnbescheid in dein Bewußtsein. Du begräbst ihn tief in deiner Manteltasche. Stöpselst mit derselben Bewegung den Walkman in die Ohren. Läßt dich auf deinem Weg volldröhnen. Ignorierst die späte Zeit. Versuchst, alles von dir abprallen zu lassen.

Natürlich gelingt es nicht. Klar, den keifenden Hausmeister kannst du noch in der Einfahrt stehen lassen. Doch schon das blonde Haar der Verkäuferin im Tabakladen bringt dich zurück zur letzten Nacht. Läßt dein Gesicht vor Scham glühen. Sie war einfach aufgestanden, hatte wortlos ihre Sachen zusammengesucht. Und war gegangen.

Das Zigarettenpapier zittert zwischen deinen Fingern und zerreißt. Am liebsten würdest du alles schmeißen. Scheiß auf den Job! Bist eh spät dran.

Könntest dir was besorgen, und es dir ganz gemütlich aufkochen. Wozu die ganze Anstrengung? Immer wieder nur schmerzhaft die eigenen Grenzen spüren. Bist du ein Masochist, oder was?

Ach, Scheiße! Auch diese Gedanken kennst du zur Genüge. Los, einen Schritt schneller, und du kommst noch einigermaßen pünktlich zum Job.

Na klar! Ausgerechnet heute ist die scharfe Tina im Dienst. Du läßt den ganzen Sermon über dich ergehen. Bindest dir die Schürze um. Hörst dir an, daß dies zwar ein Arbeitsprojekt für Ex-Junkies sei, aber keine soziale Hängematte. Läßt das Wasser in das Spülbecken. Denkst an die blonde Frau aus der vergangenen Nacht. Der Schaum liebkost deine Hände.

Und dann steht da, später am Tag, dieses grinsende Arschloch von Zweitkoch vor dir, und will dir erzählen, daß er das Patent im Geschirrstapeln gepachtet hat.

Das ist einfach zu viel. Der Kerl hat dich von Anfang an auf dem Kieker gehabt. Das arrogante Arschloch kann dich einfach nicht riechen. Und du ihn auch nicht.

Du klinkst aus. Läßt den Tellerstapel auf die Kacheln knallen. Schnappst dir diesen Typen am Kragen. Hauchst ihm deinen Eisenatem ins Gesicht. Siehst seine schreckgeweiteten Augen dicht vor dir. Hörst Tina schreien.

Und schlägst zu. Spürst das Aufplatzen deiner Knöchel nicht. Am Rand deines Gesichtsfeldes springen die Kollegen aufgeschreckt herum. Irgend jemand lacht. Du genießt die Entladung der Gewalt. Willst nichts mehr kontrollieren. Nicht mehr vorsichtig sein. Den Kerl nur fertigmachen.

Doch da hat er dich schon gepackt. Du schlägst gegen den Rand der Spüle. Versuchst verzweifelt, dich aus dem Griff des anderen zu befreien. Schmeckst das Blut metallisch auf deinen Lippen.

Und er ist stärker als du. Du hängst fest in seiner Umklammerung. Vor dir taucht das Gesicht des anderen Kochs auf. Der irgend etwas von Vernunft schreit. Scheiß was auf Vernunft, wenn du den Geschmack der Eisenstange im Mund hast!

Doch unbarmherzig halten dich die Arme fest.

Du findest dich auf der Straße wieder. Gegenüber, hinter dem gigantischen Supermarktgebäude geht gerade kitschig rot, die Sonne unter. Völlig unpassend für diese abgefuckte Welt. Oder auch nicht. Alles nur schöner Schein. Miese Geschäfte. Bekackte Typen. Und verkorkste Weibergeschichten. Du ziehst die Schulter hoch. Massierst die schmerzenden Druckstellen an deinen Armen. Dort wo sie dich gepackt haben, um dich vor die Tür zu setzen.

Okay. Du hast wieder einen Scheißtag hinter dich gebracht. Den Job bist du natürlich los. Schicksal. War sowieso nicht dein Ding, als Tellerwäscher zu enden.

Und dann rennst du auf deinem trübäugigen Weg durch die Menge der Einkaufshektiker doch glatt in deinen alten Kumpel Frank. Den du seit mindestens drei – oder sind es fünf? – Jahren nicht mehr gesehen hast. Seit er ne Therapie im Hessischen gemacht hat.

Ist das zu fassen! Du findest dich in einer ungläubigen Umarmung mit ihm wieder.

Siehst gut aus, Alter. Was läuft? Du siehst in seine verräterisch winzigen, stecknadelkopfkleinen Pupillen, und die alte vertraute Erregung macht sich in dir breit.

Tja, Mann. Irgendwie gibt es Tage, die dich nicht kleinkriegen können. Trotz der ganzen Scheiße.

Tage, die dich so richtig gut aufbauen.

BFSG „Fr. Engels"
Werk Halle

Holger Teschke
Die Abwiegelung
Farce in einer Szene

A: Das wärs. Haben Sie noch eine Frage?

B: Nein.

A: Dann können sie gehn.

B: (bleibt, schweigt)

A: Sie werden nicht mehr gebraucht. Im Vertrauen: Bald wird man auch mich nicht mehr brauchen. Ich werde dann ebenfalls gehen.

B: Wohin?

A: Das frage ich mich jetzt doch noch nicht. Das hat Zeit, bis ich nicht mehr gebraucht werde.

B: Wann werden Sie das wissen?

A: Man wird es mir zu gegebener Zeit mitteilen.

B: Man. Wer ist das: man?

A: Darüber nachzudenken habe ich leider keine Zeit.

B: Aber wenn Sie nicht mehr gebraucht werden, dann haben Sie Zeit dazu?

A: Ja, aber dann ist es ganz unnütz, darüber nachzudenken. Dann muß ich ja darüber nachdenken, wohin ich gehe.

B: Es würde Ihnen also nur etwas nützen, über diese Frage nachzudenken, solange Sie gebraucht werden?

A: Ja. Aber Sie wissen ja: die Zeit ...

B: Daß es Ihnen aber nur in diesem Fall etwas nützen würde, darüber haben sie nachgedacht!

A: Ja. Soviel Zeit bleibt.

B: Woher weiß „man", daß ausgerechnet ich nicht mehr gebraucht werde?

A: Über Details informiert man mich nie. Ich habe Sie in Kenntnis zu setzten, das ist alles. Stellen Sie sich vor, ich sollte täglich mit den Hunderten, die nicht mehr gebraucht werden, die Details durchgehen.

B: Ich werde Ihnen etwas sagen. Wenn Sie nicht mehr gebraucht werden, dann müssen Sie auch nicht mehr darüber nachdenken, wohin Sie gehen sollen. Das ist dann nämlich ganz gleichgültig. Das merke ich jetzt.

A: Sie haben recht. Es ist ganz gleichgültig, wo man gedemütigt wird. Andererseits sind die Orte vorzuziehen, an denen man zu den Demütigungen eine warme Mahlzeit verabreicht. Wo man in den kurzen, nächtlichen Unterbrechungen eine trockene Schlafgelegenheit findet.

B: Sie meinen, im Schlaf wird man nicht mehr gedemütigt?

A: Das will ich damit nicht gesagt haben. Die Träume sind die eifrigsten Hüter unserer Demütigungen. Vielleicht fällt es im Schlaf nur schwerer, jemand zu demütigen. Aber eigentlich muß es daran nicht scheitern.

B: Aus ihren Mund klingt das erstaunlich. Entschuldigen Sie, aber Sie wissen doch am besten, daß man auf Essen und Schlaf nur einen Anspruch hat, solange man gebraucht wird.

A: Selbstverständlich. Man muß auf die Suche gehen.

B: Sie meinen, man muß Glück haben. (lacht) Man!

A: Ja. Auf die Suche gehen und Glück haben. Das ist es.

B: Ich hatte enormes Glück. Bis heute ...

A: Scheint so.

B: Bestie. Wenn Sie nicht mehr gebraucht werden, dann ist es absolut egal, wohin Sie gehen oder was Sie suchen!

A: Das sagten Sie bereits.

B: Ja. Ich habe wegen der Unberechenbarkeit des Glücks seit langem versucht, planvoll zu leben. Dennoch sind die meisten meiner Unternehmungen völlig anders ausgegangen, als ich es geplant hatte. Statt einer besonders raffinierten Variante erwies sich im nachhinein eine ganz einfallslose als erfolgreich und setzte ich auf nüchterne, übersichtliche Lösungen, dann hätte es unerwarteter Weise einer bizarren, phantasievollen Methode bedurft. In der Arbeit, in der Liebe – immer wieder! Ich redete mir ein, daß mir viel Unglück erspart geblieben wäre, wenn ich einen höheren Bildungsweg absolviert hätte. Abendkurse, Selbststudien, ein Diplom. Vielleicht hätte ich dann noch planvoller zu Werke gehen können. Systematischer. Ich konnte eigentlich nie das Ende meiner Bemühungen absehen. Selbst bei den simpelsten Vorgängen nicht. So sehr ich mich auch befleißigte.

A: Sind Sie möglicherweise an mangelnder Kompetenz gescheitert? Ich meine, das ist nichts Ehrenrühriges. Nicht jeder ist ein Genie. Das kann man niemandem zum Vorwurf machen.

B: Die Aufgaben wachsen uns über den Kopf. Dem einen früher, dem anderen später. Die Verfahrensfragen. Die Technologien. Dabei war mein Auftrag, genauer besehen, eher trivial. Das Problem war, ich hing von zu vielen anderen ab, auf die ich keinerlei Einfluß nehmen konnte. Ich war zu abhängig.

A: Aber deswegen kann man Sie doch unmöglicherweise plötzlich nicht mehr brauchen.

B: Nein. Daran kann es nicht liegen.

A: Sehen Sie. Dasselbe würde jetzt jeder andere antworten, der hier an ihrer Stelle stünde.

B: Ich fürchte, Sie haben recht.

A: Deshalb sollten Sie sich darüber auch keine Gedanken mehr machen.

B: Aber gerade jetzt kann ich mir doch darüber so viele Gedanken machen wie nie zuvor!

A: Ja. Aber es nützt Ihnen doch nichts mehr.

B: Nein. (Pause) Wohin ich jetzt gehen soll, weiß ich noch immer nicht.

A: Dazu kann ich Ihnen nichts sagen.

B: Und warum ich nicht mehr gebraucht werde, dazu können Sie mir natürlich auch nichts sagen.

A: Es fehlen mir jegliche Details.

B: Aber gerade auf die Details käme es an. Auf die winzigen Ursachen.

A: Versteifen Sie sich nicht darauf. Vielleicht ist es besser, die Sache auf sich beruhen zu lassen.

B: Warum?

A: Haben Sie nicht auch das Gefühl, daß ein Mann wie Sie, der derart viele Fragen stellt, obwohl er weiß, daß die Situation mit Fragen nicht zu ändern ist, daß ein solcher Mann einfach nicht mehr gebraucht werden kann?

B: Und Sie? Sie haben mir doch die ganze Zeit zugehört!

A: Das gehört zu meinen Aufgaben.

B: Bei jedem, den Sie in Kenntnis setzen?

A: Ja. Für eine bestimmte Zeit.

B: Die habe ich jetzt wohl überschritten?

A: Nein.

B: Woher wissen Sie das?

A: Erfahrungssache.

B: Und Sie werden nicht wahnsinnig dabei?

A: Warum? Es sind fast immer die gleichen Fragen. Dieselben Vorwürfe. Es ist mir sogar freigestellt, was ich darauf antworte. Wichtig ist nur, daß die Leute begreifen, wie sinnlos meine Antworten für sie sind.

B: Und das schaffen Sie?

A: Nun ja. Es gibt hin und wieder welche, die aus meinen Worten eine versteckte Kritik an ihren Fähigkeiten zu deuten versuchen. Einen Hinweis auf kleine Verfehlungen, die man wieder gutmachen könnte. Einen Sinn. Angesichts der Hoffnungslosigkeit, die die meisten Menschen auf Grund meiner Informationen befällt, habe ich dafür vollstes Verständnis. Aber es zehrt an den Nerven. Versetzen Sie sich doch einmal für einen Moment in meine Lage.

B: Denken Sie mitunter daran, daß auch Ihr Auftrag eines Tages als erledigt angesehen werden wird?

A: Selbstverständlich. (lacht) Am Jüngsten Gericht. Matthäi am Letzten. Dagegen kann ich schlechterdings nicht protestieren.

B: Das Letzte, was ich tun könnte, wäre also, mich wirklich in Ihre Lage zu versetzen. Praktisch.

A: Was würden Sie dann tun?

B: Ich weiß nicht. Denen, die nicht mehr gebraucht werden, etwas mit auf den Weg geben. Etwas, das sie zusammenhält. Womit sie sich wehren können.

A: Aber man braucht sie einfach nicht mehr. Ich meine, ihre einzige Waffe war doch, gebraucht zu werden.

B: Eben. Sie müssen sich zur Wehr setzen. Wenn es sein muß, mit Gewalt.

A: Dann kommen Sie aber in Untersuchungshaft. Oder in eine Anstalt, im Wiederholungsfall.

B: Ja. Dann wüßte ich wenigstens, wohin.

A: (lacht) Ja. Das wüßten Sie dann.

B: Ich kann Sie also ebensogut auf Ihrem Platz da sitzenlassen.

A: Ja. Sie oder ich. Früher oder später. Was solls.

B: Ich habe das alles seit Jahren geahnt. Aber ich konnte nichts machen.

A: Absolut nichts.

B: Indem man uns gebraucht hat, hat man uns schließlich auch am Leben erhalten.

A: Sicher.

B: Ich meine das nicht nur im physischen Sinn. Hätte man uns nicht solange gebraucht, wir lägen längst verkommen auf der Straße. Im weißen Hemd früh um zehn in die Kneipe. Bei einem Bier oder an den Spielautomaten. Ekelhaft.

A: Das ist anzunehmen.

B: Man wird sogar davon überzeugt sein, daß es im eigentlichen Sinne kein Unrecht ist, uns nicht mehr zu brauchen. Wir haben ja keinerlei nachweisbaren Anspruch darauf, gebraucht zu werden.

A: Ich wüßte nicht, woher der sich ableiten ließe.

B: Ich selber habe es immer für überspannt gehalten, allein aus dem Umstand, daß man geboren worden ist, das Recht auf ein sogenanntes menschenwürdiges Leben abzuleiten.

A: Logisch ist das nicht.

B: Es bleibt dennoch ein ungutes Gefühl, für den jetzigen Zustand keinen direkt Schuldigen ermitteln zu können.

A: Da liegt der Hund begraben.

B: Wenigstens das System. Den Machtmechanismus. Die Gesetzmäßigkeiten.

A: Ziemlich hoffnungslos.

B: Verstehen Sie mich nicht falsch. Das ist keine bequeme Resignation. Ich habe mich durchaus um Übersicht bemüht. Lektüre, Vorträge, Lesungen. Immer wieder. Ich habe sehr wohl geglaubt, mit verändertem Bewußtsein die Verhältnisse ändern zu können. Die Demütigungen abschaffen. Weg mit den Ungerechtigkeiten. Aber das ist alles so unfaßbar geworden. Wenn Sie verstehen, was ich meine.

A: Ein abgrundtiefes Labyrinth.

B: Ich glaube, Sie verstehen mich. (Pause) Was machen denn die anderen, die zu Ihnen geschickt werden ?

A: Unterschiedlich. Fluchen. Jammern. Lachen. Manche spucken nach mir. Andere betteln. Je nachdem.

B: Das kommt mir jetzt sehr lächerlich vor.

A: Nun ja. Es ist schließlich ein harter Schlag.

B: Aber Sie ertragen das.

A: Ja. Man gewöhnt sich an alles. Mitunter ist es erschütternd. Ich meine, rein menschlich. Aber was hilft's. Ich kann nichts daran ändern. Ich nicht. Sie nicht. „Man" nicht.

B: Mit dem Bewußtsein erträgt man wohl eine Menge.

A: Und ob.

B: Dann kann ich ja gehen.

A: Wohin, wenn ich fragen darf.

B: Bißchen umsehen. Flanieren.

A: Flanieren ist gut.

B: Aufwiegeln. Scharfmachen. Zusammenrotten.

A: Trotzdem?

B: Wenn's ohnehin gleichgültig ist.

A: Warum nicht.

B: Vielleicht passiert dann eines Tages doch etwas.

A: Mir wär's recht.

B: Manchmal spucken welche, sagten Sie?

A: Ja. Andere heulen.

B: Wohin spucken die?

A: Ganz verschieden. Auf den Tisch. Auf den Fußboden. Es gibt auch welche, die versuchen, mir ins Gesicht zu spucken.

B: Und dann?

A: Was, dann?

B: Danach!

A: Ich wische es ab.

B: Aber manche, die versuchen es wohl immer wieder?

A: Ja. Solange die Spucke eben reicht.

B: Ja. Natürlich.

A: Haben Sie noch eine Frage?

B: Nein.

A: Dann können Sie gehn.

Brigitte Krüger

Vorstandssitzung

Umstrukturierung
in den Organen.
Für Hinweise,
die zur Ergreifung
des Herzens
führen,
wird eine hohe Belohnung
ausgesetzt.

Gudrun Güth
Straßendreck

Mein erstes Photo! Ich mit dem Ding überm Kopf. Ein uraltes T-Shirt von Luis. Es riecht noch ein bißchen nach ihm. Das Photo geht rund um die Welt.

„He, du wirst tatsächlich berühmt", sagt Leandro neidisch, als er mir die vom Kiosk geklaute Zeitung zuwirft.

„Du kannst dir was einbilden", meint auch Anna.

Trotzdem bilde ich mir nichts ein. Denn erkennen kann man mich sowieso nicht darauf. Soll man auch gar nicht. Wenn ich das T-Shirt vom Kopf nehme, bin ich ein toter Mann.

Aber ich kann doch jetzt nicht mein Leben lang mit dem Ding 'rumlaufen! Durch den Mundschlitz krieg' ich kaum Luft.

„Die dürfen dich niemals erkennen", hat Padre Antonio gesagt.

„Hörst du? Niemals!"

Und dann hat er mir lange zugeredet, daß ich der Staatspolizei die beiden Männer beschreiben sollte.

„Sonst werden die nie gefaßt. Denk' an Luis, denk' an Mauricio, denk' an Jos und an die vier anderen."

Ich denk' doch an sie. Tag und Nacht denk' ich an sie. Luis zuckt plötzlich zusammen. Mauricio bäumt sich kurz auf. Jos schläft auf der Pappe. Die Pappe wird feucht und ganz weich.

Diese riesengroßen Gesichter der Männer! Mich lassen sie liegen spät in der Nacht. Ich hab' sie genau gesehen. Der eine hat einen Bart. Der andere eine Warze am Kinn. Und Uniform hatten sie an. Militärpolizei. Die macht öfter so was hier. Die knallt Kinder ab. Kleine und große. Ist ziemlich egal. Nur auf der Straße müssen sie liegen. In Geschäftseingängen oder auf den Treppenstufen der Banken oder dicht an Hauswänden.

Peng! macht es. Ein Peng für Luis. Eins für Mauricio. Noch einmal Peng für Jos und eine Salve für die vier anderen. Mich lassen sie liegen wie Straßendreck.

„Du bist kein Dreck", sagt Padre Antonio.

„Du mußt sie beschreiben. Komm!"

Und dann ist er mit mir zur Staatspolizei gegangen. Die haben mir an die dreißig Männer gezeigt. Als ich die beiden dort stehen sah, hab' ich unter meinem T-Shirt so stark gezittert, daß Padre Antonio mich an den Schultern festhalten mußte. Ich weiß nicht, ob ich sonst gefallen oder auf die beiden losgestürzt wär'.

Aber geschrien habe ich unter der Maske.

Und jetzt wissen sie, daß sie eins übriggelassen haben von den Straßendreckskindern.

„Komm!" Padre Antonio führt mich hinaus.

„Ich möchte, daß du einem Freund die Geschichte erzählst."

Und der hat dann das Photo gemacht. Ich mit dem uralten T-Shirt überm Kopf. Und jetzt bin ich tatsächlich berühmt. Nur weiß niemand, daß ich Enrico bin und Luis' allerbester Freund.

Heute ist der 7. Juli. Es ist 8.00 Uhr. Wir senden Nachrichten.

Das Verfahren gegen die beiden Militärpolizisten J. R. und A. H., denen von dem subversiven Rebellenpater Antonio vorgeworfen worden war, maßgeblich an den Straßensäuberungsaktionen in der Nacht vom 5. zum 6. Mai beteiligt gewesen zu sein, wurde eingestellt.

Beide konnten ein wasserdichtes Alibi für die Tatzeit vorweisen. Den Abend haben sie mit Bekannten in einer Churascaria in Ipanema verbracht. Auch die Kellner konnten sich genau an das fröhliche Gelage erinnern.

Im Anschluß soll die Gruppe in einer Whiskeria dermaßen versackt sein, daß niemand mehr in der Lage gewesen sei, ein weiteres Glas, geschweige denn eine Waffe zu halten.

Unter allgemeinem Gelächter wurde die Gerichtsverhandlung geschlossen. Padre Antonio wurde von seinem Bischof in eine kleine Gemeinde in den Nordosten versetzt.

Heute ist der 15. Februar. Es ist 8.00 Uhr. Wir senden Nachrichten.

Für seine Photodokumentation über Brasiliens Straßenkinder erhielt Justin Wright den mit 5.000 $ dotierten Journalistenpreis, den der Staat New York alle zwei Jahre vergibt. Eines seiner Photos geht rund um die Welt. Ein Kind lächelt am Grab seiner Freunde direkt in die Kamera.

'Das Faszinosum des Photos' – so die Jury bei der Preisverleihung – 'liegt im spannungsreichen Widerspruch zwischen dem Lächeln des Jungen und der Angst in seinen Augen'.

Und Enrico blickt von jedem Zeitungskiosk auf die Passanten herab, als ob er sagen wollte:

Ich bin euer Straßendreck,
aber ich war immer
Luis' allerbester Freund.

Ewart Reder

Verfolgung einer Fluchtbewegung

Damals schon als wir zusammensaßen
nie unter sieben in sechzehn Quadratmetern
Sprachen hart aneinanderrieben
war sein Gesicht hoffnungslos neu
das ruhige Licht
aus den Zügen zurückgeholt
eifersüchtig geschluckt
vom verlassenen Kontinent.

Gern sahen wir dich Mike
wärmten uns
an deiner Geistesgegenwart
beglückwünschten die auf und ab
tauchende Nadel.
Der Spott deiner Nadel
über das Spiel das ihr
der die Arbeit verboten war
blieb
hat nie anders als heiter
zugestochen.

Dann wollten sie dich als Dieb
drehten den Strick aus Worten
in deinem Mund
sprachen daß du ranntest
weil du Angst hattest
schuldig
mahlten dir knirschend doch Recht
und wollten die Haftentschädigung
zurück: für den Abschiebeflug.

Wiederholung
nach drei Jahren Zwangsafrika
deine Stimme
durchs Telefon („national“)
mahnt noch immer
zu lachen.
Gelächter hat überlebt
Freundschaft gehalten.
Meine Fragen welke Blätter
bringen den Baum nicht zurück.
Wir reden die unbequeme Wahrheit
beklagen Lügen die andere Klagen
über die Lügen der andern sind.
Ich werde still bei deinem Lachen
das mich fragt
warum es dir nicht vergangen ist.

Viktor Pavel
Koslowski und der angolanische Fenstertrick

Zuerst verschwanden die Bäume. Als Eduard Koslowski eines nicht so schönen Dienstages vom Urologen-Termin nach Hause kam, strahlte ihm ein Licht aus seinem Zimmer entgegen, daß er zuerst dachte, er hätte die Lampe angelassen. Aber es war die andere Möglichkeit, die unwahrscheinlichere, jemand hatte auf der zugewucherten Baulücke, die den Hinterhof von der nächsten Straße trennte, die Bäume abgehauen. Koslowski machte das Fenster auf, so als ob er dadurch mehr Sinn in dieser Untat erkennen könnte. Sicher, es waren keine sehr schönen Bäume; Ahorn und Hasel, mehr Strauch als Baum und eigentlich Koslowskis Widersacher im Kampf um die spärliche Nachmittagssonne. Aber das welkende Laub an den abgehauenen Bäumen machte ihn traurig und Koslowski mußte an den nächsten Urologen-Termin denken.

Dann ging eigentlich alles recht schnell.

Am nächsten Morgen fuhr ein großer Bagger vor, Bäume samt Erdreich wurden mit riesigen Lastern abtransportiert und machten einem tiefen Loch platz. Zwei Tage später konnte Koslowski den Arbeitern in der Grube bereits auf den Kopf schauen. Das Parterrefenster war gleichsam in den ersten Stock gewachsen. Verschiedene Sprachen drangen zu ihm empor. Polnisch, türkisch und die Sprache der beiden Farbigen. Sie waren sehr jung, sehr dunkel und als menschliche Betonmischmaschine eingestellt. Das war das einzige, was sie taten, aber dafür von früh bis spät. Einer von ihnen rollte seine Schubkarre an Koslowskis Fenster heran und sagte: „He, brauchstu vielleicht neues Konto? Wir baun hier ne Bank, deutsches Bank." Koslowski schüttelte mißmutig den Kopf. „Wenn in Angola baunwa so große Bank, dann die ist auch deutsch."

Sie tauschten ein süßsaures Lachen aus. Kowlowski sagte: „Was brauch ich eine Bank? Ich will nur meine Aussicht zurück mit meinen Bäumen".

Michael hieß der Afrikaner und betonte stolz: „Wie Michael Jackson“.

Koslowski sah sich jeden Tag eine Weile das Treiben an. Es war wie eine Fernsehsendung, die man gerne umgeschaltet hätte, aber da war kein anderes Programm. Schnell lernte er die Baumaschinen an ihrem Lärm zu unterscheiden wie einstmals verschiedene Geschoßkaliber.

Das Loch wurde entwässert, ein Betonfundament eingegossen, Stahlträger verlegt. Mit den wachsenden Mauern sank Koslowskis Fenster gleichsam vom ersten Stock in den Keller, so daß die Arbeiter aus dem neuen Stockwerk nun ihm auf den Kopf sahen, wenn er am Fenstersims auf dem Kissen lehnte. Man wünschte sich „Guten Morgen“ und „Schönen Feierabend“. Koslowskis rief bei der Hausverwaltung an, wo man ihn darüber aufklärte, daß sein Fenster vom Vormieter nachträglich in die Mietsache eingebracht worden war und nicht Teil des Mietvertrages wäre. Somit müsse Koslowski froh sein, daß er 17 Jahre lang widerrechtlich das Fenster habe nutzen dürfen, doch damit sei jetzt schluß. Koslowski trug die Topfpflanzen in die Küche. Der Abstand von seinem Fenster zu der neuen Wand betrug eine knappe Armeslänge. Keine Chance für Ahornsträucher. Nur der Regen verband das tote Fenster noch mit der Welt.

Wenn Koslowski jetzt Tageslicht haben wollte, saß er in der Küche, die ein Fenster zur Straßenseite raus hatte. Von dort aus konnte er sehen wie die Arbeiter abends in einen Reisebus stiegen. Zum Richtfest kamen schnieke Herren in Limousinen, die sie ins Halteverbot stellten. Die Arbeiter feierten vor ihrem Bus mit Bier und Zigarretten. Später gestikulierten sie wild und sahen zu Koslowski herüber. Dem war nicht zum Feiern zumute. Die Woche drauf kamen andere Arbeiter, nur die beiden farbigen Betonmischer blieben.

Als Koslowski einige Tage später nach Arzt, Amt und Einkauf an seiner Wohnung vorbeilief, fiel ihm gar nicht auf, daß neben dem Küchenfenster ein zweites erschienen war. Kaum hatte er die Tür hinter sich geschlossen, fielen ihm die Tüten aus der Hand. In seinem Zimmer stand in gleißendem Sonnenlicht einer der farbigen Betonmischer und grinste ihn an. „Komm gucken“, sagte er und winkte Koslowski ins Zimmer. Dort kniete Michael – „wie

Michael Jackson“ – vor dem nagelneuen Doppelglasfenster und kehrte Mörtelreste von den Dielen. Koslowski kniff die Augen zusammen. Die Afrikaner freuten sich und klatschten in die Hände. „Fenster ist gut, was? Hamma gesagt, is kaputt gegangen. Son Pech. Jetzt du kannst im Sofa Solarium machen“. Koslowski war sprachlos, er gab den Männern lange die Hand. Dann ging er in die Küche und kam mit drei Flaschen Bier zurück. Sie prosteten sich zu, tranken und sahen durch das neue Fenster auf die Straße. Die Linde an der Bushaltestelle gegenüber würde bald blühen.

Michael sagte: „Weißt du, so wir machen auch zuhause, wenn bei uns kommt deutsches Bank.“

Eva Dörr – Vieregge
Begegnung I

Ich beobachte sie schon eine Weile aus den Augenwinkeln. Sie lenkt mich ab, lenkt ab von dem, was ich eigentlich hier will. Ruhig, nein in Ruhe gelassen, will ich hier sitzen. Ich will mich ganz meiner momentanen Melancholie hingeben. Eintauchen in das, was mich seit Tagen nicht mehr loslässt.

Der Platz ist mir vertraut. Diese Bank, umsäumt von großen, alten Ahornbäumen, wie oft habe ich hier gesessen und den Kindern, meinen Kindern beim Spielen, Entenfüttern, Zanken zugesehen? Jetzt ist alles anders. Die Bäume sind die diesselben geblieben, aber die Kinder kommen längst nicht mehr mit mir in den Park. Was hat nur diese Traurigkeit in mir ausgelöst?

Der Herbst ist in diesem Jahr doch so schön! Das Laub flirrt in all' seinen bunten Tönen in den letzten warmen Sonnenstrahlen dieses Jahres. Ahorn ist besonders schön.

Vielleicht ist diese Traurigkeit ja nur ein Zeichen der Zeit. Immer erinnert uns der Herbst daran, wie vergänglich alles ist. Bin ich nur noch Beobachterin in diesem Leben, das langsam, nein viel zu schnell, an mir vorüberzieht? Darüber will ich nachdenken.

Doch sie läßt mich nicht.

Ich kann unter halb geschlossenen Lidern, hinter meiner großen Sonnenbrille, die Augen nicht von ihr lassen. Hoffentlich setzt sie sich nicht zu mir!

Was soll ich tun? Aufstehen, weggehen? Vielleicht geht sie ja vorbei!

Nein, sie geht nicht, sie schlurft auf mich zu. Unförmig, den dicken Körper unter einem Mantel verborgen, der viel zu kurz und viel zu eng ist. Die schweren, geschwollenen Beine ragen wie zwei Stämme unter dem seitlich heruntergerissenen Saum hervor.

Die Strumpfhose, eine von der billigen Sorte, hat mehrere Laufmaschen am rechten Bein. Mühsam setzt sie Fuß vor Fuß, Füße, die in ausgetretenen Latschen, die vielleicht einmal weiß waren, stecken. Sie läuft schon teilweise auf dem Kork, die Sohlen existieren an manchen Stellen nicht mehr.

Jetzt ist sie fast bei mir angekommen.

Ich kann ihren kurzen Atem, ihr Geschnaufe schon hören. Wie alt mag sie sein? So alt wie ich? Älter, jünger? Schwer zu sagen.

Ein muffiger Geruch weht zu mir herüber. Wie Kleider riechen, die durchgeschwitzt und ungelüftet sind. Ekel steigt in mir hoch. Meine empfindliche Nase hat mir schon immer zu schaffen gemacht.

„Haste mal ne Zigarette für mich?"

„Nein, leider nicht."

Wie gerne würde ich jetzt selbst eine rauchen. Aber ich habe es mir längst abgewöhnt.

Schwerfällig, ächzend lässt sie ihren massigen Körper neben mich fallen. Die beiden Plastiktüten stellt sie zwischen uns. Ich rutsche ein Stück zur Seite, mit angehaltenem Atem. Wie kann man nur so tief sinken, sich so gehen lassen?

Wie zufällig nehme ich meinen Korb und stelle ihn neben die Bank auf den Boden. Bloß nicht mit ihren Sachen in Berührung kommen!

Ich versuche, flach zu atmen, um den Ekel zu verdrängen. Warum gehe ich nicht?

Langsam beginne ich den Kopf zu drehen, um sie im Schutze meiner Brille näher zu betrachten. Mit roten, fleischigen Fingern fängt sie an in einer der Tüten zu kramen. Es klirrt. Die Fingernägel, bis auf den Grund abgekaut, die Nagelhaut überall verletzt, an einigen Stellen entzündet, zieht sie eine Flasche billigen Fusel heraus.

„Willste auch?" Ich stelle mich taub. Zittrige Finger drehen hastig an dem Schraubverschluß. Sie setzt die Flasche an den Mund und trinkt in gierigen Schlucken, die laut zu hören sind.

Der Geruch des Schnapses dringt mir in die Nase, als sie die Flasche absetzt. Ich wende den Kopf ab. Aber, wie magisch angezogen, drehe ich mich ihr gleich wieder zu, um sie noch näher in Augenschein zu nehmen. Oh ja, ich bin eine Voyeur. Ich will meinem Entsetzen, meinem Ekel neue Nahrung geben. Die dunkelbraunen Haare, von einzelnen weißen Fäden durchzogen, kleben ihr fettig am Kopf. Dünne Zottel hängen ungekämmt mit rauhen Spitzen bis zum schmutzigen Kragen des blauen Popelinemantels, weiße Schuppen überall auf dem speckig glänzenden Stoff.

Ich schaue nun unverhohlener, genauer hin. Meine Scheu, aufdringlich zu sein, ist gewichen. Sie hat die Schnapsflasche zwischen ihre dicken Oberschenkel geklemmt. Der braune Rock, auch er viel zu eng, ist hochgerutscht. Durch die Strümpfe voller Fäden sehe ich das Geflecht dick hervortretender Krampfadern. Mit der linken Hand bedeckt sie die Augen, wie um Ausschau zu halten nach etwas, das in weiter Ferne liegt. Speichelreste kleben ihr im Mundwinkel, die Lippen rauh und aufgesprungen. Darüber die gerötetete, großporige Nase. Die Augen? Ich kann sie aus meiner Position nicht sehen.

„Der Herbst ist dieses Jahr wunderschön, find'ste nich' auch? Trotzdem erinnert er mich daran, wie schnell alles vorbei sein kann. Aus – vorbei! Kennste das auch?"

Schweigen. Stille. In der Ferne lärmen irgendwo Kinder.

Wie kann diese Frau die gleichen Gedanken haben? Die säuft doch nur!

Soll ich ihr antworten? Mit ihr reden?

Ich stehe auf, nehme meinen Korb, murmele etwas wie „Wiedersehn" und gehe meinen Weg.

Eva Dörr – Vieregge
Begegnung II

Ich bin müde. Ich glaube in einem richtigen, eigenen Bett, würde ich tagelang schlafen, einen tiefen, traumlosen Schlaf, der alles mit sich fortnimmt. Ein Schlaf, der mich leicht und frei macht.

Dabei bin ich doch frei – freier als die meisten Leute hier um mich herum. Frei und doch so gefangen und vor allem müde, müde bis auf die Knochen.

Da hinten sitzt sie, auf meiner Bank. Unverschämt!

Wie sehr habe ich mich darauf gefreut, mich auf meinem Platz ein wenig in die Sonne zu setzen. Die letzten warmen Strahlen in diesem Herbst. Es kann jeden Tag das letzte Mal sein.

Dann hält ihn nichts mehr auf, diesen immer näher rückenden Winter, mit peitschendem Regen, bei dem man nicht mehr weiß, wo man hin soll. Mit undurchdringlichem Nebel und mit Kälte, die einem bis auf die Knochen dringt. Wo soll ich dann hin? Ja, in dieses Haus, die Schwestern meinen es ja gut. Aber mit zehn anderen Frauen in einem Zimmer – das ist auch nur etwas besser als erfrieren!

Ich setze mich einfach zu ihr. Vielleicht haut sie ja gleich ab! So eine wie die wird bestimmt nicht neben mir sitzen bleiben.

Jeder Schritt fällt mir schwer. Wenn's kalt wird, brauch' ich vernünftige Schuhe, diese Latschen machen's nicht mehr lange. Aber in welche Schuhe passen meine ewig geschwollenen Füße?

Wie sie mich beobachtet! Tut so völlig gleichgültig. Dabei spüre ich ihren Blick auf mir. Auch wenn sie glaubt, sich hinter der großen, schicken Sonnenbrille verstecken zu können.

Jetzt bin ich da. Ich haue sie erst mal um ne Zigarette an. Vielleicht hab ich ja Glück.

„Leider nicht" sagt sie. Aha ja, setz ich mich erst mal hin. – So, das tut gut. Richtig schön ist es hier. Die Sonne wärmt mich durch und durch. Diese letzten Strahlen im Herbst sind viel intensiver als die heißen des Sommers. Einmal noch richtig durchwärmen.

Parkplatz

Auch von innen.

Mein Angebot, auch einen Schluck zu nehmen, lehnt Madame natürlich ab. Dabei sieht sie aus, als könnte sie auch einen vertragen.

Wie sie dasitzt! Die Beine übereinandergeschlagen, Schuhe und Strümpfe Ton in Ton. Taubenblau nennt sich das, glaube ich. Eine von der feinen Sorte. Ach, und wie schnell sie den Korb jetzt wegnimmt und auf den Boden stellt, so als hätt' ich was Ansteckendes. Soll sie nur!

Jetzt betrachtet sie mich genauer. Wahrscheinlich glaubt sie, ich merke es nicht. Eine die säuft, merkt ja nichts, die ist weit weg! Was weiß die denn?

Die schleppt gleich ihre Einkäufe in ihr teures, schickes Zuhause und verurteilt unsereins, während sie sich im gleichen Atemzug über die Armut in der dritten Welt aufregt.

Vor fünf Jahren hätte ich auch nicht geglaubt, daß ich einmal so hier sitze. Teuer war mein Zuhause nicht, aber ich hatte eins. Was soll's? Es ist wie es ist.

Ich muß unbedingt zur Kleiderbörse der Caritas. Vielleicht sind ja jetzt Schuhe da, die weit genug sind.

Wenn ich Glück habe, finde ich auch einen Mantel, der warm hält und paßt. Bin ja in letzter Zeit etwas in die Breite gegangen, obwohl ich an manchen Tagen gar nicht so viel esse. Aber trinke! Dann sind wenigstens die Gedanken für einige Zeit weiter weg.

Wirklich schön! Der Herbst war noch nie so schön, wie in diesem Jahr, kommt's mir vor. Aber er geht so schnell vorbei, so wie alles in meinem Leben, ausgenommen die schlechteren Zeiten.

Ich sag's ihr. Sie muß so alt sein wie ich. Vielleicht können wir ein bißchen reden. Ist schon ne Weile her, daß ich mit jemand Normalem gesprochen habe.

Ach ja, war nichts. Sie will nicht. Sie geht.

Constanze John

Jeder muß sehn

„Jeder muß sehen, wo er bleibt“ – spricht es neuerdings in der Stadt. Wie aus einem Munde.
Anna und Marie bleiben. Und während sie immer nur bleiben, wechseln die Winde, wie die großen Zwänge sich drehn.
Und das Meer rauscht auf althergebrachte Weise. Und der Wind schlägt sich durch Lücken und um Ecken. Seltsam, wenn die Stadt wie aus einem Munde spricht, klingt es nach Wahrheit. Und Anna prüft den Satz, sagt auch, was jeder sagt, und fühlt sich gleich älter als ihr Name.
Aber da ist auch Marie. Und die macht sie wieder jung. Weil es mit jedem großen Muß „so eine Sache“ sei.
Und Anna erinnert sich, dunkel, wieder, da sie beide doch schon an die siebzig Jahre an diesem Leben sind.

Anna und Marie gehen längst schräg gegen den Wind. Ihre Hände stecken tief in ihren Taschen.
Jeder muß sehn.
„Sieh nur“, sagt Anna. „Sieh nur diese jungen Männer.“
Und Marie schaut vom Weg zu den jungen Männern mit den kahlen Köpfen auf. Sie kommen ihnen entgegen, tragen fest geschnürte Stiefel. Einer fängt an. Am Ende brüllen alle.
Vielleicht daß sie einfach nur brüllen. Vielleicht daß sie keine Worte mehr haben. Anna und Marie verstehen sie nicht. Die jungen Männer kommen ihnen trotzdem näher. Die Frauen sind alt genug, ihnen nicht mehr ausweichen zu können.
In Erwartung schweigen alle.
Nur der eine brüllt noch, dessen Stiefel gegen den Müllkübel tritt.
Jetzt stinkt der Unrat weiter auf der Straße.
Anna und Marie müssen immer sehen, wo sie bleiben. Sie gehen, und die Männer mit den kahlen Köpfen lassen sie bleiben.

Ein Martinshorn tönt.
Der Himmel wird grau wie das Meer.
Spaziergänger schlagen sich weiter durch diesen einen Sonntag und schweigen.
Für Anna und Marie ist Sonntag wie Montag. Sie gehen täglich, das Meer zu füttern. So regelmäßig wie andere ihren Hund füttern oder ihr Kind.
„Das Meer ist schon zu hören."
Jeder muß sehen, wo er bleibt. Anna bleibt bei der Marie. Da sind sie sich eins. Und beide bleiben in der zu vergessenden Stadt.
Wer da auch kommen mag.

Da kommt aus der Kirche eine einzelne Frau mit gottvoll glänzenden Augen. Und während sie sich das Tuch bindet, senkt sie den Kopf, um dann langsam in einen ihrer nächsten Träume zu gehen.
Da kommt ein Fremder aus dem Strandcafé. Einer der Fremden ist es mit den genauen Armbanduhren und den geputzten Schuhn.
Es ist vier Uhr.

„Das Meer ist schon zu sehn."
Wasser sprüht durch den Wind und den Frauen ins Gesicht. Dort liegen die tiefsten Falten, und das Wasser fließt ab wie ungewollte Tränen.
Jeder muß sehn.
Anna und Marie sehen noch sehr gut. Nichts verschwemmt ihnen mehr den Blick.
Anna und Marie sehen schon das Meer. Die Wellen schlagen hoch.
Doch die breite Mauer der Mole liegt höher.

Die beiden Frauen nehmen diesen letzten Weg über die Mauer, da die Mole selbst schon unterm Wasser liegt. Sie balancieren wie Kinder, während das Wetter zunehmend heftig geschieht. Jeder ihrer Schritte nach vorn verliert an Verstand. Immer gehen sie weiter. Schräg und bestimmt gehen sie auf die Spitze der Landzunge zu.
„Das Meer ist schon zu riechen. Die Luft schmeckt nach Salz."
Sie holen das Brot aus den Taschen. Sie füttern das Meer, die

Fische oder die Schwäne, die bei anderem Wetter wieder zu dieser Stelle sein müßten.
Anna und Marie füttern blind. Die Wellen. Und das geht gut so.

Aber das geht nur so lange gut, bis der Wind unerwartet umschlägt.
Anna verliert ihr Gleichgewicht und tritt ins Wasser. Das Meer ist schon ... Als ob das Wasser Balken hätte. Und sie ruft nach Hilfe, als ob da noch einer helfen könnte.

Jeder muß sehen, wo er bleibt. Aber Marie bleibt bei der Anna, was da auch kommen mag.
Und die Männer mit den kahlen Köpfen treten die Tür zum Strandcafé ein.
Und die Frau mit den noch gottvoll glänzenden Augen hebt den Kopf, um an der Tür zu läuten, die sich niemals wieder für sie öffnen wird.
Und es ist vier Uhr und fünfzehn Minuten, und der Fremde weiß nicht mehr, wie er das Geld weiter ausgeben kann, das er am Montag aufs neue verdienen wird.
Und immer mal wieder tauchen Anna und Marie aus dem Wasser auf. Sie rufen nach der Hilfe, die nicht kommt und ziehen sich dann in die Tiefe.

Dort in der Tiefe ist es vorerst feucht und kalt, aber helle, ausgewachsene Steine sind schon zu sehn, und die ersten kleinen Fische ...

Klaus Thaler
Die Echtzeit mit dem Kreuz

Ich habe das Bundesverdienstkreuz *In Nickel Am Seidenen Faden* erhalten. Meine Verdienste fingen damit an, daß ich für den Verlag, in dem mein erstes Buch erschien, Korrekturen lesen durfte. Damals hat noch so ein Lektorenfossil von promoviertem Germanisten bei mir angerufen und sich schön bedankt: dank meiner tätigen Mithilfe habe er nun endlich den Sprung in die Freizeitgesellschaft geschafft ... Jetzt wo er grad dabei gewesen sei, eine Familie gründen zu müssen.

Dann, beim zweiten Buch, durfte ich bereits das Manuskript druckfertig auf Diskette abliefern und mit einem Programm, das ich zum ermäßigten Preis erhielt, sogar die graphische Gestaltung bewerkstelligen.

Da ich dieses Vertrauen rechtfertigte, wurde mir beim Dritten, auch das Layout anvertraut. Beim Vierten die gesamte Produktion als CD-Rom – gedacht als virtuelle Begehung des Textes mit Spielen, Infos, Musik, Bildern, Verweisen, usw. Schließlich habe ich beim Fünften selber die Initiative ergriffen und gleich die virtuellen Leser, Hörer und Buchhändler eingebaut. Mich natürlich gleich mit, Künstler sind ja eitel, als virtueller Autor. Im Augenblick arbeite ich noch an einer Überweisung der virtuellen Honorare.

Meine Fortschritte haben sich herumgesprochen. Der virtuelle Staat verlieh mir das schon erwähnte Verdienstkreuz. Natürlich im Internet. Es war eine schöne virtuelle Feier, während der ich ganz schön gebechert habe.

Und die die Zeit nach dem Kreuz habe ich einen Plan. Die Entwicklung eines Netzwerkes zur Unterstützung der real existierenden Arbeitslosen mittels einer virtuellen Sozialhilfe. Vielleicht haben Sie ja eine kleine Spende übrig?

Selbstverständlich erhalten Sie einen virtuellen Beleg.

Dietmar Beetz
Mittfünfziger

Hockt auf dem Postamt, wo's
wenigstens warm ist, be-
trachtet die horn-
los gewordenen Hände,
sagt nichts, schüttelt
nicht mal mehr den Kopf.

Ingeborg Struckmeyer
Jede Menge Barcelona oder Protokoll der Einsamkeit

1. August 1978

Heute sind wir in das Haus gezogen, das wir vor ein paar Wochen gekauft haben. Es ist ein Mehrfamilienhaus, aber wir haben einen eigenen Eingang nur für uns. Darüber sind wir froh, obwohl die Mieter, die wir sozusagen mitgekauft haben, größtenteils sehr nett sind. Walter Hagenbach ist einer von ihnen. Er ist einundfünfzig Jahre alt und in diesem Haus geboren. Er hat noch nie woanders gewohnt, wenn man von der Zeit von 1945 bis 1956 absieht. Da war er in Sibirien in russischer Kriegsgefangenschaft. Aber das kann man wohl kaum wohnen nennen. Seit dem Tod seiner Eltern, die er fünfzehn Jahre lang gepflegt hat, lebt er ganz allein. Er war nie verheiratet, hatte keine Freundin. Später fanden wir in seiner Wohnung schäbige, abgegriffene Kinderpornoheftchen. Ich war hin- und hergerissen zwischen Ekel und Mitleid.

30. Oktober 1978

Heute haben wir eine kleine Einweihungsparty für unsere Mieter gegeben. Nicht, daß wir uns viel näher gekommen sind. Es war eigentlich nur eine Geste der Höflichkeit unsererseits, die von den Mietern mit einem gemeinschaftlich geschenkten Blumenkorb quittiert wurde. Eine gewisse Distanz erscheint uns angebracht, zu viel Intimität schadet höchstens. Außerdem haben wir schon einen großen Freundeskreis.

Walter Hagenbach brachte zusätzlich eine Flasche Schnaps mit, dem er im Laufe des Abends selbst reichlich zusprach. Zu vorgerückter Stunde erzählte er von Sibirien, vom russischen Winter, von den für uns unvorstellbaren Schneemengen. „Jede Menge Barcelona kam da vom Himmel,“ sagte er und schüttelte sich vor Kälte. Dann – er war schon ziemlich betrunken – sang er ein russisches Volkslied, er sang es mit wahrer Inbrunst. Ich habe ihn nie wieder betrunken erlebt, obwohl wir später jede Menge leerer Bier- und Schnapsflaschen in seiner Wohnung fanden. Walter Hagenbach war nicht nur nie betrunken, wenn ich ihm im Hause begegnete, er war auch immer wie aus dem Ei gepellt. Dabei muß seine Wohnung schon damals ein einziges Chaos gewesen sein. Wir fanden später Suppentüten aus dem Jahre 1957, verbeulte Konservendosen und sonstige verdorbene Lebensmittel. Im Schlafzimmer waren mehrere Leinen gespannt. Darauf hing ein Teil seiner Wäsche. Unter der Lampe stand das aufgeklappte Bügelbrett mit dem Bügeleisen darauf. Die Nähmaschine seiner Mutter war noch mit einem Garnröllchen versehen, Garn, das ehemals weiß gewesen sein muß, jetzt vom Nikotin und Teer der Zigarren, die Walter Hagenbach geraucht hatte, braun verfärbt war.

2. Dezember 1978

Mein Mann und ich waren heute bei Ewald und Hanni Strack, den Vorbesitzern unseres Hauses, eingeladen. Sie wohnen jetzt in einem sehr hübschen Einfamilienhaus auf dem Land, sind stolz auf ihr neues Domizil. Irgendwie kam die Sprache auf Walter Hagenbach. Ewald Strack und er sind zusammen aufgewachsen in dem Haus, in dem wir jetzt wohnen. Ewald Strack hat sich kaum getraut, Walter Hagenbach vom Verkauf des Hauses zu erzählen. Als er es dann doch tat – wenige Wochen vor dem Umzug in ihr neues Eigenheim – ist Walter Hagenbach ganz blaß geworden. „Er ist einfach aufgestanden und gegangen", sagte Ewald Strack. Er wirkte bedrückt. „Ich habe ihn später eingeladen, uns doch an einem Wochenende zu besuchen, aber bis jetzt ist es noch nicht dazu gekommen."

„Hat Herr Hagenbach denn sonst keine Freunde?" fragte mein Mann. Hanni Strack schüttelte den Kopf. „Der einzige Kumpel, den er hatte, hat vor einigen Jahren geheiratet, und seitdem ist der Kontakt zu ihm praktisch abgebrochen."

Stracks haben Walter Hagenbach nicht mehr wiedergesehen.

25. September 1985

„Du", sagte ich heute abend zu meinem Mann, „ich habe gerade die Mieteinnahmen kontrolliert. Die Miete von Herrn Hagenbach fehlt."

„Hast du auch richtig nachgesehen? Ich kann mir das gar nicht vorstellen.“ Mein Mann sah mich zweifelnd an.

Ich habe alles überprüft, mehrfach! Die Miete für September ist nicht auf dem Konto. So etwas ist bisher bei Walter Hagenbach noch nie vorgekommen. Er ist unser Vorzeigemieter, immer pünktlich mit der Zahlung, immer regelmäßig bei seiner Flurwoche. Es gab nie Anlaß zu Klagen. Alle paar Wochen sprechen wir einige unverbindliche Worte miteinander. Dabei fällt mir jedes Mal auf, daß er immer ein wenig feuchte Hände hat, die er dauernd an seiner Hose trocken reibt.

26. September 1985
Ich habe mich bei der Bank erkundigt, ob da irgendein Mißverständnis vorläge. Man durfte mir natürlich keine Auskunft geben. „Soviel kann ich Ihnen sagen“, meinte der freundliche Bankangestellte, „uns ist kein Fehler unterlaufen!“ Das kann eigentlich nur bedeuten, daß der bestehende Dauerauftrag nicht ausgeführt worden ist, weil Walter Hagenbachs Konto nicht gedeckt war. Am Abend habe ich Herrn Hagenbach angerufen, vorsichtig nachgefragt, weshalb die Mietzahlung unterblieben ist. Er wußte gar nichts davon, fing vor Aufregung an zu stottern. Ich bat ihn, doch zu uns zu kommen, damit wir in Ruhe über seine finanziellen Probleme sprechen könnten. Er kam sofort. Als er bequem bei uns im Sessel saß, goß ich ihm erst einmal einen doppelten Cognac ein, damit er sich etwas beruhigte. Dann erfuhren wir, daß er vor zwei Jahren – damals war er sechsundfünfzig – arbeitslos geworden ist. Er hat niemandem davon erzählt. Die Eisenhütte, bei der er beschäftigt war, hat ihm eine recht gute Abfindung gezahlt. Davon hat er zwei Jahre lang gelebt. Arbeitslosenunterstützung hat er nicht beantragt, weil er sich geschämt hat. Er ist gar nicht erst zum Arbeitsamt gegangen, weil er ja sowieso keine andere Arbeit bekommen hätte, nicht in seinem Alter. Jetzt wartet er auf die Auszahlung seiner Lebensversicherung, dann wird er sofort die ausstehende Miete zahlen.

7. Oktober 1985
Walter Hagenbach hat die Miete für September und Oktober 1985 auf unser Konto eingezahlt. Wir sind einigermaßen erleichtert, daß alles seinen geregelten Gang geht.

12. November 1985
Wir haben das Treppenhaus der Mieter renovieren lassen. Heute hat der Schreiner neue Etagentüren aus schönem hellen Naturholz eingebaut. Walter Hagenbach äußerte sich lobend, wie freundlich alles aussähe.

11. April 1986
Walter Hagenbachs Miete für den Monat April ist noch nicht auf unserem Konto eingegangen. Wir machen uns Gedanken. Möglicherweise ist der Betrag aus seiner Lebensversicherung aufgebraucht. Morgen werde ich zu ihm gehen, mit ihm bereden, was zu tun ist. Vielleicht sollte ich mit dem Sozialamt sprechen, wenn Walter Hagenbach das nicht selbst tun will. Vielleicht hat er als ehemaliger Kriegsgefangener ja einen Rentenanspruch. Irgend etwas muß doch zu machen sein, wenn ein finanzieller Notstand vorliegt.

12. April 1986
Heute mittag hat sich Walter Hagenbach mit seinem Kleinkalibergewehr in den Kopf geschossen. Den Wohnungsschlüssel hat er von außen stecken lassen, damit die neue Tür nicht aufgebrochen werden muß.

Elisabeth Schmack
Die Entschuldigung

Friebe wacht sehr früh am Morgen auf. Er hat nicht lange, aber tief geschlafen und fühlt sich ausgeruht. Er weiß auch sofort, daß er nicht zu Hause ist. Sein Gedächtnis funktioniert noch einwandfrei. Nur seine Knochen sind heute etwas steif. Sicher macht das die Schlaraffia, in seinem eigenen Bett hat er immer hart gelegen. Der Gesundheit zuliebe. Werde mich wohl umstellen müssen, geht es ihm durch den Kopf, während er sich dehnt und reckt.

Er sitzt auf dem Bettrand und schaut in die Runde. Die Straßenbeleuchtung hüllt das Zimmer des Feierabendheims in dämmriges Licht. Drüben an der langen Wand stehen zwei Betten hintereinander. 'Gustav' und 'Emil' haben die beiden Männer sich vorgestellt, als er gestern bei ihnen einzog. Die Heimleiterin, eine Frau in den mittleren Jahren, war dabei. Sie gab Anordnung, wie das dritte Bett noch zusätzlich in das Zweibettzimmer hineinpaßte. Wobei sie beteuerte: Es ist nur vorübergehend, meine Herren. Sobald sich etwas ergibt, wird es geändert. Doch die beiden Alten winkten nur ab, ohne viel Worte zu verlieren. Das gefiel ihm. Und er nahm sich vor, das Kartenspiel zu erlernen, obwohl er sich nie etwas daraus gemacht hatte. Gustav hatte am Abend auf die Karten gedeutet und ihn fragend angesehen. Und da mußte er verneinen, was ihm leid tat.

Halb fünf zeigt der große Wecker neben seinem Bett. Meine Zeit! Ich werde mich draußen mal umsehen, denkt er und steht leise auf. Kaum, daß man die Tür klappen hört. Die Luft im Flur ist eingepfercht. Essensgeruch von gestern mischt sich mit dem von Medikamenten und Desinfektion. Gerade will er ein Fenster öffnen. Da ruft es vom anderen Ende des Flures: „Opa, was soll denn das? Wir haben noch Nachtruhe. Gehen Sie in Ihr Zimmer!" Warum spricht die so laut mit mir, denkt Friebe.

Gleich darauf hört er das scheppernde Geräusch einer Waschschüssel hinter sich. Er will helfen, das rollende Ding einzufangen, damit der Lärm aufhört. Doch die Weißgekleidete reagiert ärgerlich: „Na gehen Sie schon. Das hier ist meine Angelegenheit.“ Der alte Mann geht wortlos in sein Zimmer. Erst als er wieder auf dem Bettrand sitzt, kann er denken. Und er beginnt sich zu schämen, weil er stumm blieb und wie ein Kind gehorchte. Was ist nur mit mir? Kann mich denn ein Tag schon so verändern?

Die kommenden Tage werden nicht leicht für ihn. Immer wieder erinnert er sich an sein Häuschen in Oberfeld. Das hat er verkauft. So hat er es gewollt. Nun wohnen andere Leute dort. Aus und vorbei! Die Einsamkeit erstickte ihn fast, seit er Witwer geworden war. Besonders an den Abenden. Die Tage waren voller Arbeit, die er sich ständig suchte. Da schwanden die Beklemmungen. Doch jeder Tag hat seinen Abend. Er suchte Menschen, mit denen er reden konnte. Manchmal fand er sie. Meist auf dem Dorfanger, bei seinen Pfleglingen, den Rosen. Die Pracht! Die Leute verhielten für Momente ihren Schritt, um sie zu bewundern. Das nutzte er aus. Doch oft schauten die Gesprächspartner nach ihrer Uhr oder hörten überhaupt nicht zu, und klopften ihm nur gönnerhaft auf die Schulter. Auch deshalb entschloß er sich eines Tages nach ’Rosenhöhe’ zu gehen, einem Heim für Menschen die, wie er, im Alter nicht allein sein wollten. Hier, so dachte Friebe, wird einer für den anderen Zeit haben.

Ein paar Wochen später sitzt Felix Friebe morgens auf dem Bettrand, noch immer im gleichen Zimmer. Es hat sich noch nichts ergeben. Im Haus ist es still, wie meist um diese Zeit. Doch er ist Frühaufsteher geblieben trotz der vielen Zugeständnisse an das Gemeinschaftsleben, die sich oft nur in winzig kleinen Abstrichen äußern, sich mit der Zeit aber summieren. Er schaut zu den beiden Schlafenden hinüber und muß lächeln. Gustav liegt unordentlich wie immer. Sein Bett ist zerwühlt. Sein Atem hört sich wie Grunzen an, aber er schläft noch fest.

Ebenso Emil. Doch der ist akkurat wie am Tage anzusehen. Keine Wimper zuckt bei dem ordentlichen Schläfer. Na bitte, denkt Friebe, die haben nicht mal meine morgentlichen Kniebeugen mitbekommen. Die haben sich auch nie beschwert. Nur den Schwestern paßt es nicht, daß ich um diese Zeit nicht noch ’schön’ schlafe. Immer wieder möchten sie erziehen und gängeln. Ganz in Gedanken zieht Friebe seine Lodenjoppe über den Schlafanzug. Das ist ihm lieber, als der unbequem lange Bademantel. Und dann, auch wenn's stinkt, steckt er sein Pfeifchen in Brand. Sollen die Mädels ruhig nörgeln. So empfindlich ist er nicht mehr, dank der langen 'Heimerfahrung' von Emil und Gustav.

Leise geht er auf den Flur hinaus. Auch hier ist alles ruhig, bis auf das bekannte Schnarchen aus Nr. 10. Doch das gehört inzwischen genauso zur vertrauten Nachtatmosphäre, wie die stickige Luft. Die Hintertür ist ganz nah. Gott sei dank, der Schlüssel steckt. Mit Dämmerlicht und angenehmer Frische empfängt ihn der frühe Aprilmorgen. Er bleibt auf der Treppe stehen. Sein geübtes Auge kann von hier bis in den hinteren Garten sehen. Dort weiß er die Rosenbüsche, die bisher gerade mal so ihr Dasein fristeten. Aber nicht mehr lange, nimmt er sich vor. Wenn das Wetter hält, kann ich sicher bald anfangen. Warum nicht schon heute? Schließlich habe ich doch nicht umsonst mein Gartengerät mitgebracht. Er muß wieder daran denken, daß viele bei seinem Einzug in das Heim kicherten, als sie seinen kleinen Wagen sahen, den er vor dem Haus ablud. Und wie sauer der Hausmeister war, weil er helfen mußte, das Zeug im Keller zu verstauen.

Er wird richtig vergnügt, wenn er an die gute Arbeit denkt, die auf ihn wartet. Gerade will er pfeifen, spitzt schon die Lippen, da besinnt er sich rechtzeitig und schließt leise die Tür. Er schnuppert Kaffeeduft. Das wäre jetzt das richtige! Bis zum Frühstück dauert's noch. Aber den Tauchsieder wurde er gleich am ersten Tag los. Brandgefahr.

Hinter ihm klappt eine Tür. Du lieber Himmel, die Schnippische! Ade, schöner Morgen. Friebe hat die Schwester seit damals nicht wieder gesehen. Die Erinnerung an seinen ersten Tag im Heim war schon verblaßt. Mit knappem Gruß will er in sein Zimmer gehen. Aber er muß dort vorbei, wo sie steht. Und die geht einfach nicht zur Seite. „Guten Morgen, Herr Friebe." Nanu, so kann die auch? Druckst was rum von schönem Wetter und Morgenstund. Friebe schaut die junge Frau fragend an. Sollte die ein schlechtes Gewissen haben von neulich? Ach was, gibt er sich selbst die Antwort, die jungen Dinger plagen sich doch nicht mit sowas herum. Sicher nur launisch, mal so und mal so. Nee Mädel, nicht mit mir. Und sein Gesicht bleibt verschlossen.

Da hört er sie zögernd sagen: „Ich hab mir eben Kaffee gebrüht. Möchten Sie eine Tasse?“ Eine Abfuhr sollte er ihr geben. Doch sein Kopf macht sich selbständig und nickt. Ja, gibt’s denn sowas? Und jetzt geht er auch noch hinter ihr ins Zimmer. Er weiß selbst nicht, hat ihn der Kaffeeduft eingefangen oder war da was in ihrer Stimme.

Eine Weile sitzen sie wortlos. Die Schwester möchte dem alten Mann etwas sagen, weiß nur nicht, wie sie anfangen soll. Sie war damals im Unrecht, das weiß sie. Aber es fiel ihr schon immer schwer, im richtigen Augenblick das richtige Wort zu sagen. Und wenn die Zeit dazu dann verpaßt ist, wird es kompliziert. So wie jetzt. Denkt er denn überhaupt noch daran, an ihren Ausrutscher neulich? Die Alten haben doch ein schlechtes Gedächtnis. Vielleicht hat er es schon längst vergessen und sie quält sich mit unnützen Gedanken herum. Doch dann sah sie wieder den Alten, wie er wortlos mit gesenktem Kopf fortging. Und nur, weil sie so unbeherrscht auf seine Hilfe reagierte. Eigentlich mit nichts zu entschuldigen. Und da sie noch immer nicht die richtigen Worte findet, die Stille zwischen ihnen aber schon langsam peinlich wird, redet sie einfach darauf los.

Vom Wetter, von der Arbeit im Heim und von der Arbeit zu Hause. Ach ja, der Umzug kürzlich in die neue Wohnung. Da gibt es besonders viel zu tun. Zu allem allein. Ihr Mann ist fort zu einem Lehrgang. Und diese Schränke ... die sind vielleicht problematisch. Sie kommt mit dem Zusammensetzen einfach nicht klar. Und alles liegt rum, und ...

Friebe erhebt sich. Die junge Frau wird rot und hört mit dem Gerede auf. Was geht denn das auch alles einen fremden Menschen an? Hat der überhaupt zugehört? Ganz unsicher wird sie und räumt fahrig das Geschirr zusammen. Himmel, ist das schwer. Aber sie hat sich das all die Tage schon vorgenommen. Auch wenn Friebes Gesicht so undurchdringlich wirkt, sie muß es sagen. Am besten jetzt gleich. Und während sie das Tablett hochnimmt, sagt sie leise und ohne ihn anzusehen: „Bitte Herr Friebe, neulich das ... es tut mir sehr leid.“ Schnell geht sie aus dem Zimmer.

Friebe ist nachdenklich. Beim Frühstück und noch beim Mittagessen. Er braucht Zeit für seine Überlegungen. Und dann sucht er den Hausmeister. Der will ihn wie immer wegschicken, seine Zeit sei knapp. Doch Friebe läßt nicht locker. Gestern ja, da hätte er sich fortschicken lassen. Nicht heute. „Mein Werkzeug brauch ich. Hast es damals mit meinem Gartengerät zusammen weggepackt.“ Sorgfältig wählt er einige Schraubenzieher unterschiedlicher Größe. Er schaut sich um. Was braucht man sonst noch, wenn man Umzugsmöbel zusammensetzen will? Dem Jüngeren geht das bedächtige Tun des Alten auf die Nerven. „Hier Opa, Dein Gartengerät!“ Ärgerlich hält er Friebe den Spaten hin. „Oder hat es sich der Herr wieder anders überlegt mit der Gartenarbeit?“ Hämisch und kränkend ist der Ton. Der alte Mann wundert sich selbst, daß er davon unberührt bleibt. Er packt seine abgewetzte Ledertasche und hebt nur beschwichtigend die Hand. „Kommt auch noch dran, Jungchen. Alles zu seiner Zeit.“

Karlhans Frank
Knäuel

Wehret den Anfängen! Aber sind
Anfänge, wenn einer ein Messer in der
Hand hält? wenn er die
Hand zum Schlag hebt? wenn er die
Hand zum Gruß hebt? Fing es an,
Als keinem Asylsuchenden ein
Goldenes Kalb geschlachtet werden durfte?
Als Lehrer die Hände in den Schoß legten? Politiker
Hände nur zum gegenseitigen Waschen brauchten? Als
Hände, die zählten, teurer wurden als
Hände, die arbeiteten? An-
schaffen wichtiger wurde als Schaffen?
Schaffner wichtiger als der Transport?
Es ist zu spät, sich gegen Anfänge zu wehren.
Es ist zu spät zum Anfänge Suchen, zum
Flicken, Reparieren, Reformieren.
Wehren wir uns durch Auf-
Hören, Neudenken, neu
Anfangen gegen das
Ende.

Matthias Kneip

Das letzte Wort

Dem Mann hatten sie gesagt, es sei nichts Ernstes, man müsse noch warten. Mir hatte man gesagt, der Mann habe Krebs und man könne nichts anderes tun als warten. Der Mann hatte gesagt, er wolle auf den Tod warten, aber dann möchte er sterben.

Sein Gesicht war eingefallen, die Arme und die Beine bis auf die Knochen abgemagert. Das Bewegen bereitete ihm Schmerzen und so lag er meist regungslos in seinem Krankenbett. Zwei Kanülen steckten in seinem Unterarm, neben dem Bett ein Krankentisch mit einem Tablett, auf welchem Medikamente aufgereiht waren. In einem Fach unter dem Tablett lag eine Illustrierte mit der Schlagzeile „Todesursache Krebs: nur an dritter Stelle." Ein Zimmernachbar hatte die Zeitung liegengelassen, der Mann hatte sie gelesen und mir lächelnd gegeben. „Schau'n Sie!", hatte er gesagt, „wir sind abgerutscht". Ich habe dann auch gelacht, denn es freute den Mann immer, wenn im Zimmer jemand lachte. Das war selten, denn er hatte allein gelebt, ohne Familie und Verwandte. Seine beiden letzten Freunde starben vor einem Jahr ebenfalls an Krebs. Der Mann ist sich dabei sicher, daß einer der Freunde auch auf meiner Station gestorben ist. Damals war ich zwar noch kein Krankenpfleger, aber ich sagte nichts.

Der Zustand des Mannes wurde von Tag zu Tag schlechter. Seine Sätze wurden immer zusammenhangloser und es fiel ihm trotz allen Bemühens immer schwerer, seine Schmerzen zu verbergen. Seine Morphiumdosis wurde ständig erhöht. An einem Abend, als ich sein Abendessen wegräumte, hörte ich den Satz dann zum ersten Mal. Es war Ruhe im Zimmer und ich hatte geglaubt, der Mann schlafe. Ich wollte schon zur Tür hinausgehen, als ich ihn leise aber deutlich sagen hörte: „Ihr laßt mich doch sterben, oder?" Er hatte mich gefragt und sein angehobener Kopf erwartete eine Antwort. Mir ging plötzlich vieles im Kopf herum.

Ich könnte ihn falsch verstanden haben und auf etwas anderes antworten. Ich könnte sagen: „Natürlich komme ich morgen wieder“, und mich so aus dem Zimmer stehlen. Ich könnte auch sagen, daß wir ihn natürlich nicht sterben lassen, aber seine Frage zielte auf etwas anderes. Ja natürlich lassen wir Sie sterben! Das wollte er hören. Vor allem das natürlich. Keine Maschine, keine Leuchtkurve, von der er krampfhaft am Leben erhalten wurde. Ich war schon aus dem Zimmer, als mir einfiel, daß ich ihm gar nicht geantwortet hatte. Gar nicht, was so viel hieß wie „wir werden sehen.“ Auch am nächsten Tag fragte er mich wieder: „Sie lassen mich doch sterben, oder?“ In seinem 'oder' lag etwas Ängstliches, Schmerzliches. Wußte der Mann, das man alles tun würde, um ihn so lange wie möglich am Leben zu erhalten? Oder hatte er im Fernsehen gesehen, wie man das machte mit diesen Maschinen? Wie das Leben der Menschen Tage und Nächte, ja sogar Monate lang nur durch das Auf und Ab einer Kunstkurve definiert war. Niemand weinte, solange die Schlange hüpfte, erst wenn sie als Punkt am Boden darniederlag, brach man in Tränen aus. Und der Mensch? Hatte sich wirklich etwas verändert? „Oder?“, fragte der Mann noch einmal und ich sagte wie selbstverständlich: „Ja, natürlich.“

Das ging noch drei Tage so, dann verschlechterte sich der Zustand des Mannes. Er verlor das Bewußtsein und wurde dann an eine dieser Maschinen angeschlossen. Als er einmal aufwachte, blickte er nur starr auf das Kabel und ich glaubte, als ich seinen Mund näher ansah, eine O-Formung der Lippen zu erkennen. „Oder?“, schienen sie zu fragen, und hätten sie Hände gehabt, sie hätten das Kabel zerrissen. Der Mann fiel wieder in Bewußtlosigkeit zurück. Ich saß auf seinem Bettrand und betrachtete die Knöpfe der Maschine. Ein Knopfdruck, eine kurze Bewegung. Leben, Tod, Leben, Tod, Tod. „Ihr laßt mich doch sterben, oder?“, der letzte Wunsch und keine Erfüllung. Für die Ärzte war alles Routine. Die Kabel, die Maschine, die Knöpfe. Nur ich hatte die Frage des Mannes gehört, dabei war ich doch der einzige, der diese Frage nicht beantworten konnte. Manchmal zuckte der Körper des Mannes und ich stellte mir vor, wie er in seinem Kopf die Knöpfe suchte, um sie abstellen zu können. Er wollte auf den Tod warten und dann mit ihm gehen. Jetzt war er gegangen, aber der Tod ließ noch auf sich warten, weil er aufgehalten wurde. Ein Kabel stand im Weg, eine Maschine. Ich dachte, sicher war der Mann schon vorausgegangen und sicher würde ihn der Tod einholen. Warum aber konnten sie nicht gleich zusammengehen? Warum dieses Kabel?

Als auch die Maschine begriffen hatte, daß dieser Mensch tot war, verstand ich den alten Mann. Er hatte nicht gewollt, daß sein letztes Wort aus einem elektronischen Punkt bestand.

Autorennotizen

Bachmann, Thomas
Geb. 1961 in Erfurt. Sozialarbeiter und Schriftsteller. Lebt in Leipzig.

Beetz, Dietmar
Geb. 1939 in Neustadt a. Rennsteig. Lebt als Arzt und Schriftsteller in Erfurt.

Bierbaß, Dirk
Geb. 1966 in Halle/Saale. Verschiedene Berufe, u.a. Werkzeugmacher. Lebt als Lyriker in Halle.

Brohm, Chris
Geb. 1942 in Drugehnen (Ostpr.). Fuhr viele Jahre zur See, zuletzt als Kapitän. Ab 1983 freier Autor. Lebt in Bremen.

Dörr-Vieregge, Eva
Geb. 1956, lebt als Lehrerin in Püttlingen/Saar.

Domašcyna, Róža
Geb. 1951 in Zerna (Oberlausitz): Schreibt Lyrik und Prosa in deutscher und sorbisch-wendischer Sprache. Lebt als freie Autorin in Bautzen.

Droege, Heinrich
Geb. 1933 in Frankfurt/Main. Fernmeldetechniker und Schriftsteller. Lebt in Frankfurt/M.

Eimer, Thomas R.
Jahrg. 1975, studiert Politische Wissenschaft an der Freien Universität in Berlin.

Elhardt, Arnim
Geb. 1948 in Stuttgart. Lebt als Lehrer in Freiberg a. Neckar.

Feldkamp, Margret
Medizinerin, schreibt Kurzgeschichten und Gedichte. Lebt in Münster.

Fohlmeister, Ingrid
Geb. 1945 in Rheinböllen/Simmern. Niedergelassenene Pathologin in Neumünster und außerpl. Professorin an der Universität Köln. Lebt in Westerholz.

Frank, Karlhans
Geb. 1937 in Düsseldorf. Lebt als freier Autor in Gelnhaar.

Güth, Gudrun
Geb. 1950 in Hagen. Fachleiterin für Englisch in der Lehrerausbildung. Schreibt Lyrik und Prosa. Lebt in Waltrop.

Heinze de Lorenzo, Ursula
Geb. 1931 in Köln. Lebt als Übersetzerin und freie Autorin in Santiago de Compostela (Spanien).

Heppekausen, Meinolf
Geb. 1944 in Bochum. Lebt als freier Autor und Journalist in Moosinning bei München.

Hölscher, Birgit H.
Geb. 1958 in Bamako (Mali). Lebt als freie Autorin und Fotografin in Hamburg.

Huckebrink, Alfons
Geb. 1953 in Emsdetten (Münsterland). Lebt als freier Schriftsteller in Münster.

Jankofsky, Jürgen
Geb. 1953 in Merseburg. Schriftsteller und Kulturmanager. Lebt in Leuna.

John, Constanze
Geb. 1959 in Leipzig. Lebt als freie Schriftstellerin in Zwickau.

Kaufmann, Walter
Geb. 1924 in Berlin. 1939 Flucht nach England und weiter nach Australien. Von 1985 bis 1993 Generalsekretär des ostdeutschen P.E.N. Lebt als freier Autor in Berlin.

Kneip, Matthias
Geb. 1969 in Regensburg. Zur Zeit Promotionsstipendiat an der Universität Regensburg.

Komenda-Soentgerath, Olly
Lyrikerin und Übersetzerin. Lebt in Köln.

Konietzko, Josefine
Geb. 1935 in Eschweiler (Rhl.). Tätig in der Seniorenarbeit, schreibt Lyrik und Prosa. Lebt in Marl.

Krüger, Brigitte
Geb. 1954 in Hamburg. Schreibt Lyrik und Prosa. Lebt in Hamburg.

Küther, Kurt
Geb. in Stettin. 35 Jahre Arbeit im Steinkohlenbergbau. Schreibt Lyrik und Prosa. Lebt in Bottrop.

Lambrecht, Christine
Geb. in Dessau. 1983-1990 freie Schriftstellerin. Heute arbeitet sie im Tourismusamt der Stadt Dessau.

Landin, Walter
Jahrg. 1952, Lehrer für Erwachsenenbildung. Schreibt Lyrik und Prosa. Lebt in Mannheim.

Lessmann, Ulla
Geb. 1952 in Bremerhaven. Volkswirtin und Journalistin. Seit 1995 freie Autorin. Lebt in Köln.

Matthies, Horst
Geb. 1939 in Radebeul b. Dresden. Seit 1970 freier Autor. Lebt in Hohen Viecheln (Mecklenburg).

Monk, Radjo
Geb. 1959 in Hainichen. Dramaturg und Autor. Lebt in Leipzig.

Pavel, Viktor
Geb. 1965 in Teplice (CSSR), seit 1968 in Deutschland. Schauspieler und Autor. Lebt in Berlin.

Preuß, Gunter
Geb. 1940 in Leipzig. Arbeitete in verschiedenen Berufen, u.a. als Fernmeldetechniker. Lebt heute als freier Schriftsteller in Schkeuditz.

Reder, Ewart
Geb. 1957 in Berlin. Lehrer und Schriftsteller. Lebt in Offenbach.

Regnier, Anatol
Geb. 1945 in St. Heinrich am Starnberger See. Gitarrist, Chansonsänger und Autor. Nach längeren Aufenthalten in Spanien, Australien und Israel lebt er jetzt in München.

Reinfrank, Arno
Geb. 1934 in Mannheim. Schreibt Lyrik und Prosa. Lebt als freier Autor in London.

Runge, Erika
Jahrg. 1939. Psychotherapeutin, Filmregisseurin und Schriftstellerin. Lebt in Berlin.

Said
Geb. 1947 in Teheran (Persien). Kam 1965 als Student nach München. Als Gegner des Schah-Regimes und später des Mullah-Regimes wurde ihm die Rückkehr in seine Heimat verwehrt. Schreibt Lyrik und Prosa in deutscher Sprache. Lebt in München.

Scheib, Asta
Geb. 1939 in Bergneustadt. Journalistin und Schriftstellerin. Lebt in München.

Schmack, Elisabeth
Jahrg. 1930, Krankenschwester und Fürsorgerin im Ruhestand. Lebt in Mühlhausen an der Unstrut.

Schneider, Klaus F.
Geb. 1959 in Mediasch (Siebenbürgen). Seit 1995 freier Mitarbeiter des SDR und freier Schriftsteller.
Lebt in Stuttgart.

Schoof, Renate
Geb. 1950 in Bremen. Lebt als freie Schriftstellerin in Köln.

Senftleben, Petra
Jahrg. 1960. Werbetexterin und freie Autorin. Lebt in Celle.

Seul, Michaela
Geb. 1962 in München. Lebt als Lektorin und Autorin in Landsberg/Lech.

Smith, Pete
Geb. 1960 in Soest als Sohn einer Spanierin und eines Engländers. Kulturredakteur und Schriftsteller. Lebt in Schaafheim (Hessen).

Stössel, Jürgen-Peter
Geb. 1939 in Stuttgart. Medizinjournalist und Schriftsteller. Lebt in Freiburg (Breisgau).

Struckmeyer, Ingeborg
Geb. 1942 in Bottrop. Bibliothekarin. Lebt in Bottrop als freie Schriftstellerin.

Teschke, Holger
Geb. 1958 in Bergen auf Rügen. Dramaturg, Theaterregisseur, Übersetzer und Autor. Lebt in Berlin.

Thaler, Klaus
Schreibt auch unter dem Namen *Klaus F. Schneider* (siehe dort)

Weißenborn, Theodor
Geb. 1933 in Düsseldorf. Schreibt Hörspiele, Essays, Kurzgeschichten, Romane und Lyrik. Lebt in Landscheid.

Wünsch, Kurt
Geb. 1939 in Halle. Von 1992-1994 lehrte er Mathematik und Informatik an der Fachhochschule Erfurt. Schreibt Erzählungen und Romane. Lebt in Halle.